Les proches aidants

MARTINE GOLAY RAMEL

Les proches aidants

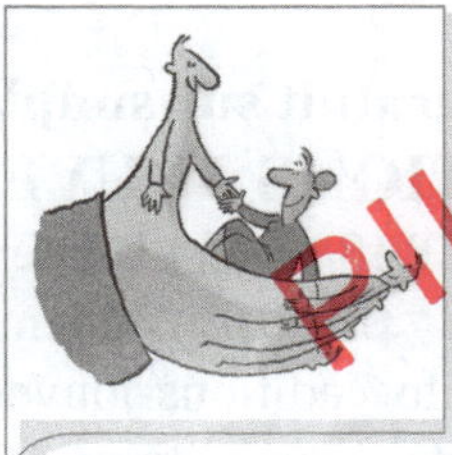

Aider un proche malade et/ou âgé

Préface de Rosette Poletti

jouvence
EDITIONS

Autres titres aux Éditions Jouvence

Un cœur en paix, Anselm Grün, 2010
Rendre grâce, Rosette Poletti et Barbara Dobbs, 2010
Petites fleurs du cœur pour grandir au fil des jours,
Rosette Poletti et Barbara Dobbs, 2009
Les grands-parents dans tous leurs états émotionnels,
Vittoria Cesari Lusso, 2008
Se respecter et respecter les autres,
Agnès Payen de la Garanderie, 2008

Catalogue gratuit sur simple demande
ÉDITIONS JOUVENCE
Suisse : CP 184, 1233 Bernex-Genève
France : BP 90107, 74161 Saint Julien en Genevois Cedex
Mail : info@editions-jouvence.com
Site internet : www.editions-jouvence.com

ISBN 978-2-88353-918-1

Maquette d'intérieur et de couverture : Stéphanie Roze
Illustration de couverture : Jean Augagneur
Composition : n.irniger@gmail.com

Sommaire

Préface de Rosette Poletti 11
Introduction 15

1 • Psychologie de la personne malade. 21

Le diagnostic 22
Le deuil de la santé 30
L'acceptation de la maladie 35
L'histoire de vie 38

2 • Psychologie de la personne âgée 43

Quotidien et adaptation 44
La peur de vieillir 49
Les changements de rôles 57

3 • Le proche aidant 61

État des lieux 62
Suis-je un proche aidant ? 68
La proximologie. 71
Les besoins et les ressources 79
Les relations humaines. 90

4 • Réflexions et outils pour aider 95

Les professionnels des soins 96
L'accompagnement 108
La codépendance 111
L'enrichissement 114

Conclusion 117

Test 121

Le terme de proche aidant peut être lu tant au masculin qu'au féminin. Pour des questions pratiques, il sera utilisé au masculin.

À Carmen, Mireille, Yvette, Lili,
Simone, Béatrice, Marie France, Paul,
Élisabeth, Janine, Paule, Rose, etc.,
tous ces proches aidants qui m'ont témoigné
de leurs expériences d'aide et leurs difficultés dans
le temps, mais aussi de leurs enrichissements.
Un merci particulier à Nelly,
la correctrice de ce livre.

Pictogrammes

Bon à savoir

ATTENTION

Témoignage

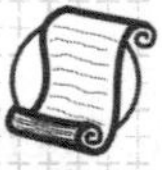

Un peu d'histoire

Le petit plus

Pour aller plus loin

Trucs et astuces

Le saviez-vous ?

Conclusion

Notre collection **Maxi Pratiques** se veut claire, lisible, didactique et facile d'accès. Elle comporte des rubriques reconnaissables par des pictogrammes (ci-dessus) ; vous accédez ainsi à l'essence de nos livres rapidement (chaque livre ne contient pas forcément tous les pictogrammes présents). Bonne lecture et bien du plaisir !

Préface de Rosette Poletti

L'ouvrage de Martine Ramel et particulièrement intéressant. Il traite d'un phénomène souvent minimisé : l'importance des proches, des membres de la famille, de ceux qui, jour après jour accompagnent un proche malade, handicapé ou vieillissant.

Ces personnes n'apparaissent pas bien souvent dans les statistiques de la santé publique. Pourtant, sans elles, le système s'effondrerait. Soixante-dix heures de soins par semaine pour garder chez elle une personne atteinte d'Alzheimer ? Qui pourrait imaginer les millions d'heures que cela représente à l'échelle d'un pays ? Mais les statistiques ne sont qu'un petit aspect du problème.

Le facteur humain est central. Peut-on s'imaginer la solitude, la fatigue, la culpabilité, parfois le désespoir de ces aidants. Être là, chaque jour, disponible, bienveillant, prêt à recommencer toutes ces humbles tâches qui permettent à l'autre, au conjoint, aux parents, aux proches, aux amis, de continuer à vivre dans la dignité, cela exige des sacrifices nombreux. Certains imaginent qu'ils n'en font pas assez, d'autres se refusent le repos nécessaire et s'épuisent. Ce n'est que très récemment que des rencontres de soutien, des cafés des aidants, par exemple, ont été mis sur pied dans les villes.

Il reste tant à faire : offrir des possibilités d'écoute à ces aidants, leur procurer de l'information concernant les meilleurs moyens d'accompagner leur proche en difficulté et, aussi, du soutien concret. Des associations comme la fondation Pro-XY[1] en Suisse, ciblent leur action sur le soutien des proches aidants en proposant des plages de temps ou une personne vient prendre la place du proche aidant pour que celui-ci puisse faire quelque chose pour lui-même : marcher, sortir, aller chez le coiffeur, faire des achats, etc.

Il y a, au Nebraska, aux États-Unis, une statue très connue d'un garçon de 8-10 ans qui porte son petit frère sur son dos (il l'avait sauvé d'une mort certaine dans la neige !). Sur le socle de la statue, il est écrit : *« Il n'est pas lourd, c'est mon frère ! »*

Comme ce petit garçon, de nombreux proches aidants ne se plaignent jamais ; leur accompagnement est pour eux un acte

[1] www.pro-xy.ch/

d'amour ! Malgré cela, notre société doit reconnaître le poids humain, physique, psychologique et spirituel de l'aide apportée et mettre à disposition des formes de soutien.

L'ouvrage de Martine Ramel nous le rappelle avec force. Nous souhaitons qu'il ait un grand écho et qu'il permette une sensibilisation de la population à ce problème.

Rosette Poletti

Introduction

« Regarder l'autre, l'écouter, lui sourire,
s'intéresser à lui, d'après moi,
c'est le commencement de l'être humain. »
Sœur Emmanuelle

Introduction

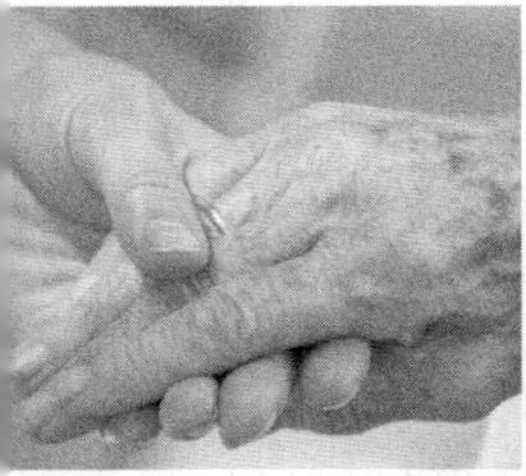

De nos jours, nous vivons pour notre grand bonheur toujours plus longtemps ! Dans les pays disposant d'un système de soins développé, les personnes en bonne santé ont de plus en plus de chance de devenir centenaires, voire plus.

Grâce aux progrès de la médecine, de nombreux malades chroniques ont aussi une espérance de vie qui s'étend souvent bien au-delà de toute attente. Le Sida, par exemple, ne se soigne toujours pas, mais grâce à des trithérapies de plus en plus précises et adaptées à l'individu, l'évolution de cette pathologie fatidique est entravée régulièrement.

Pour continuer leur trajectoire de vie, la majeure partie des gens atteints dans leur santé sont portés par d'autres personnes de leur entourage. On les nomme les *proches aidants*, et ce sont eux qui accompagnent le malade ou la personne âgée tout au long de la maladie, qui vérifient la prise correcte des médicaments, pallient aux premières pertes d'autonomie et en savent bien plus que quiconque sur les problèmes que soulève la pathologie ou le vieillissement. Leur trajectoire de vie est colorée, parfois vivement, par la problématique de la maladie de l'autre. Bien souvent, leur vie est imprégnée par le déficit de santé de l'autre.

Une personne sur quatre accompagne un parent âgé; une personne sur quatre de plus de 80 ans n'a plus de descendant ou de proche; en moyenne dix personnes proches sont touchées directement par le parcours d'une personne dépendante d'un produit et près d'un million et demi de personnes en Suisse souffrent de douleurs chroniques. Bref, le nombre des proches aidants est difficilement quantifiable de par la pluralité des problématiques de la vie humaine.

Lorsque nous en parlons autour de nous, nous constatons bien souvent que de nombreuses personnes suivent des trajectoires impressionnantes de proches aidants, avec parfois deux, voire trois accompagnements simultanés, par exemple un papa, une maman et une amie très chère.

De nos jours, la durée de l'accompagnement d'une personne malade et/ou âgée se monte à 5, 10, 15 ou 20 ans, voire plus! Et le temps pour accompagner à domicile une personne atteinte de la

Bon à savoir

Une nouvelle science en est née car la charge du maintien à domicile devient de plus en plus lourde: elle se nomme *proximologie*.

terrible maladie d'Alzheimer par exemple s'élève à 70 heures par semaine!

De nombreuses personnes accompagnent leurs proches sans se poser la question de la quantité d'heures mise à disposition. Il y a une notion de normalité, de loyauté; cependant, la reconnaissance du travail n'est pas toujours au rendez-vous!

Une nouvelle science – qui s'occupe du proche aidant – en est née car la charge du maintien à domicile devient de plus en plus lourde: elle se nomme **proximologie**. Des recherches récentes en ce domaine montrent cinq besoins essentiels (qui seront détaillés plus loin) chez ces accompagnants:

Le saviez-vous?

De nombreuses personnes accompagnent leurs proches sans se poser la question de la quantité d'heures mise à disposition.

- l'information,
- un réseau de proches aidants,
- des moments de répit;
- une reconnaissance du statut ainsi que du travail effectué,
- diverses ressources.

L'information est généralement dispensée par les professionnels de santé. La manière dont ils la transmettent est très importante; ils doivent être clairs dans leur expression car le proche aidant doit comprendre. Répit et ressources sont des points essentiels qui permettent au proche aidant de continuer à construire sa propre histoire de vie de personne saine, ce qui est indispensable à l'équilibre d'un accompagnement de qualité.

Ce livre est constitué de quatre parties :

- la première permet de se construire une idée de la psychologie de la personne malade,
- la deuxième s'adresse à la psychologie de la personne âgée,
- la troisième explique qui est le proche aidant, informe sur la proximologie, traite des besoins et des limites de l'aide à l'autre,
- quant à la dernière, elle apporte des réflexions et des outils pour aider.

1 • Psychologie de la personne malade

Diagnostic
Acceptation
Histoire

« Il faut un obstacle nouveau pour un savoir nouveau. »

Henri Michaux

Le diagnostic

Depuis une année, j'attends de partir en vacances et mes valises sont prêtes. Nous partons au Maroc, dans un hôtel de rêve, après avoir longuement hésité face à de nombreuses offres alléchantes et décidé de nous offrir une belle échappée pour fêter dignement nos trois ans de mariage. Je m'octroie le temps d'un café pour faire le point : papiers d'identité, billets d'avion, trousse de toilette, t-shirts, shorts, caleçons de bain, lunettes de soleil..., j'ai oublié de prendre le livre que mon mari lit actuellement ! Puis je réalise que je le trouve fatigué ; il parle moins, souffre de maux de tête dérangeants, sans doute que ces vacances lui feront du bien.

Un instant, je ferme les yeux et me voilà allongée sur la plage, avec le soleil qui dore ma peau, un sentiment de plénitude et de bonheur m'envahit par anticipation de ces futurs moments. J'entends déjà le bruit des vagues et suis à l'affût de nouvelles odeurs.

Dans cinq heures, nous serons dans l'avion, chouette !

Lucien arrive et se laisse tomber dans le fauteuil. Son teint est blanc, il dit avoir des nausées et des maux de tête importants ; il se tient difficilement debout. Je lui propose un médicament contre les céphalées et de s'allonger un moment. Sans doute une surcharge de travail est-elle responsable de cet état.
Entre-temps, je décide de surfer sur le net pour consulter la météo du jour à Marrakech : 36 °C ! Je décide alors d'étrenner ma magnifique robe fuchsia.
En revenant dans le salon, mon mari est affalé dans le fauteuil et peine à répondre à mes questions. Nous décollons dans trois heures et devons commander un taxi qui nous emmènera à l'aéroport.
Lucien se lève et, après quelques pas, se rassoit sur une chaise, m'avoue ne plus pouvoir bouger suite à de violents vertiges. Une légère tension s'installe en moi et je suis désemparée. Que faire ? Appeler un médecin urgentiste ? Le temps qu'il arrive, l'avion aura décollé. Mon mari tente de se remettre debout et vacille, me dit que dans un moment, tout ira mieux. Je sens que quelque chose ne tourne pas rond et prends la décision de téléphoner à son médecin.

Suite à la description des symptômes et à l'état général de mon mari qui se péjore rapidement, une ambulance est envoyée par le médecin à notre domicile. Ma vie bascule à ce moment-là et je ne le sais pas encore !

Santé / Maladie

Certaines personnes se reconnaîtront sans doute à travers cette histoire tandis que d'autres se diront avoir vécu une situation similaire où tout bascule... et à partir de là, rien ne sera plus jamais comme avant. Et c'est par le temps qui passe que ce moment particulier pourra être identifié comme instant décisif.

Généralement, une première consultation médicale aboutira à un diagnostic. Diverses analyses, radiographies ou autres examens prescrits par le médecin seront suivis d'une attente qui peut parfois se révéler interminable. Un diagnostic résulte d'une réflexion menant à l'identification de la nature d'une maladie à partir des symptômes relevés par les observations. Il est généralement précédé d'un temps où la personne en souffrance et sa famille positivent, prient (selon les croyances), se disent qu'il n'y a rien de grave, que cela ne peut pas leur arriver à eux. Ils pensent et espèrent que ce n'est qu'un petit ennui de santé passager. Un lourd silence s'installe entre les personnes ; on échange des banalités pour sauver la face car à l'intérieur de chacun, une angoisse s'est installée..., la peur d'un diagnostic pouvant annoncer une mauvaise nouvelle et faire basculer des histoires de vie. À partir de ce moment-là, une part de l'identité de l'être humain peut se modifier et passer de la santé à la maladie.

Face à la maladie, chacun réagira selon sa culture, sa spiritualité, sa sensibilité, ses peurs et ses espoirs. Donc chaque personne vivra une histoire unique. Certains voient la maladie comme une perte inconsolable, d'autres comme un défi qu'il faut vaincre ou une punition plus ou moins méritée.

La maladie se définit différemment selon son stade ; si elle est aiguë ou chronique, physique ou psychique. C'est la manière dont la personne continuera à évoluer qui détermine cette différence.

Dans les cas de **maladie aiguë**, ce sont des incidents momentanés qui s'imposent dans un parcours de vie. La médecine est souvent efficace ; médicaments et chirurgie répondent très bien à ces situations. Après un temps de convalescence, les souffrances de la personne malade

Le saviez-vous ?

Certains voient la maladie comme une perte inconsolable, d'autres comme un défi qu'il faut vaincre ou une punition plus ou moins méritée.

disparaissent. Elle pourra alors raconter son vécu de la maladie et ses expériences du milieu médical autour d'elle sans rencontrer des changements dans le regard des autres. Elle retrouvera rapidement une identité de personne en bonne santé et réintégrera sans souci sa vie sociale. Les proches l'aideront et la soutiendront sur une durée définie, généralement assez courte. La contribution d'aide demandera une énergie personnelle gérable par tout un chacun.

Bon à savoir

Lorsque le médecin annonce le diagnostic d'une maladie chronique, les personnes directement concernées n'ont bien souvent pas conscience qu'elles s'engagent sur une voie qui, jusqu'à présent, ne les concernait pas !

Les **maladies chroniques** représentent un fardeau plus important pour la société en termes de morbidité, de dépendance, de qualité de vie, de mortalité et de coûts. La prise en charge de ces maladies constitue aujourd'hui une priorité de l'ensemble des systèmes de santé.

Lorsque le médecin annonce le diagnostic, les personnes directement concernées, c'est-à-dire la personne en souffrance et ses proches, n'ont bien souvent pas conscience qu'elles s'engagent sur une voie qui, jusqu'à présent, ne les concernait pas. C'est le début d'une nouvelle et longue histoire, avec des hauts et des bas, ainsi qu'un savoir qu'il faudra acquérir pour y faire face. Une maladie qui ne se guérit pas, qui progressera et évoluera dans le temps ; simultanément, elle changera le quotidien et demandera des adaptations régulières.

Quant au diagnostic des **maladies rares**, celui-ci est plus délicat. C'est seulement au bout d'un parcours du combattant qu'il peut se poser car il intervient après avoir éliminé une multitude de maladies possibles. L'état général de la personne se détériore et l'impuissance est au rendez-vous. Un traitement médicamenteux est souvent insuffisant pour faire face à une telle pathologie. L'entourage est démuni. Ce sont généralement les proches qui acquièrent les connaissances nécessaires à propos d'une maladie particulière, passant ainsi d'un regard novice à un regard d'expert. La solitude est plus que jamais ressentie car le partage avec des pairs, malades ou proches aidants, est rarissime à ce stade.

La psychiatrie est une spécialité médicale traitant des **troubles mentaux** de toutes sortes. Ils sont difficiles à diagnostiquer et c'est dans le temps que la pathologie est définie et nommée. Les personnes atteintes se trouvent en décalage avec la réalité et les traitements exigent du temps avant de stabiliser la maladie. Elle évolue souvent sous forme de crises, ce qui est éprouvant autant pour le malade que pour son entourage.

Pour aller plus loin

Les ressources vitales, financières entre autres, ont besoin d'être étoffées pour que le malade et son entourage puissent avancer plus sereinement et donner du sens à cette expérience particulière.

De plus en plus de personnes sont diagnostiquées schizophrènes ou bipolaires ; on détecte des troubles obsessionnels, d'anxiété ou d'alimentation.

Les proches aidants sont durement mis à contribution et pallient très rapidement aux dysfonctionnements sociaux que ces maladies induisent. Les liens à l'autre sont malmenés et tiraillés dans tous les sens. Les difficultés budgétaires ne sont pas loin car les systèmes de santé commencent seulement à reconnaître ces problématiques. Les ressources vitales, financières entre autres, ont besoin d'être étoffées pour que le malade et son entourage puissent avancer plus sereinement et donner du sens à cette expérience particulière.

On nomme **handicap** toute limitation d'activité ou restriction de participation à la vie sociale en raison d'un dommage d'une ou de plusieurs fonctions physiques, sensorielles, mentales, cognitives et/ou psychiques.

Que ce soit par accident, par maladie ou de naissance, le handicap pose des problèmes d'insertion, de coûts, de mise à l'écart de la société. Dans ces cas, le diagnostic tombe comme un couperet et démolit des histoires de vie ; là aussi, rien ne sera jamais plus comme avant !

S'entraider

Le dévouement des proches est impressionnant et les trajectoires de vie des personnes impliquées sont constamment entremêlées. De plus en plus souvent, des associations réunissant un nombre important de bénévoles viennent étoffer les ressources à disposition pour soulager l'entourage. Il semblerait qu'un esprit de solidarité et d'entraide existe davantage au niveau du handicap que dans la maladie.

Le deuil de la santé

L'augmentation de l'espérance de vie ainsi que le vieillissement de la population sont principalement responsables de l'accroissement continu des maladies chroniques. Les plus fréquentes sont l'hypertension, le rhume des foins, l'insuffisance cardiaque, le diabète, la dépression, l'asthme et l'arthrose[2]. En Europe, les maladies chroniques sont responsables de 88 % des décès et d'une part considérable des coûts de la santé[3].

Tant que nous ne sommes pas concernés personnellement, les témoignages que nous entendons font émerger des sentiments de sympathie et d'empathie, voire de compassion. Puis le quotidien reprend rapidement ses droits.

Le saviez-vous ?
L'augmentation de l'espérance de vie ainsi que le vieillissement de la population sont principalement responsables de l'accroissement continu des maladies chroniques.

Dès qu'une maladie chronique est annoncée, le regard porté sur la santé ne sera cependant plus le même. Les contraintes dues à

[2] www.bfs.admin.ch/bfs/portal/fr/index/themen/14/02/01/key/02.html

[3] www.saez.ch/pdf_f/2009/2009-32/2009-32-330.PDF

la maladie modifient le quotidien. Les effets secondaires des traitements médicamenteux apporteront leurs lots de désagréments, tels que nausées, somnolence, prise de poids et autres perturbations. Les personnes malades devront construire la suite de leur histoire de vie avec ces aléas.

Bon à savoir
Le processus du deuil de la santé nous fait traverser les mêmes étapes que la perte d'un être humain

Le deuil est un processus normal que l'être humain doit traverser lorsqu'il perd un élément important de sa vie. Nous traversons tous des deuils plus souvent que nous l'imaginons ; leur durée ainsi que leur intensité émotionnelle varient selon l'importance de la perte.

Ces deuils de la santé nous font traverser les mêmes étapes que la perte d'un être humain.

Le choc et le déni

Cette période survient en général immédiatement après la perte : le monde s'écroule. Nous avons de la peine à y croire ou nous refusons carrément la réalité. Ce mécanisme psychologique permet d'amortir le choc de l'annonce. Au prime abord, il semble parfois impossible d'éprouver des émotions ; l'esprit se protège de l'intensité de la douleur en coupant le contact direct aux sentiments.

« C'est impossible, je n'y crois pas ! » « J'ai l'impression que je rêve ; je vais me réveiller et rien ne se sera passé. »

La colère et la protestation

C'est au cours de cette période que les émotions émergent. La personne malade peut se sentir coupable ou en colère, avec un sentiment d'injustice très présent. Puis elle se questionne : « C'est tellement injuste, je n'ai rien fait de mal... » « Pourquoi moi ? » À ce stade, la personne concernée peut aussi se montrer désagréable avec le personnel soignant ou les proches qui tentent de la soutenir.

Se ressourcer

La tristesse

Cette étape fait émerger les sentiments qui sont plutôt de nature dépressive. Il nous arrive parfois de croire que la tristesse sera toujours présente car c'est souvent la période la plus longue du processus d'acceptation de la maladie.

La personne regrette le temps où elle était encore en bonne santé et se replie sur elle-même : « Je suis tellement triste, malheureux. » Elle s'isole et peut couper les liens avec les autres. Sa vie sociale s'en ressent et ses proches en subissent aussi les conséquences. Les visites et les sorties se font de plus en plus rares, les amis sont évités sous différents prétextes et le cercle social se raréfie.

Le saviez-vous ?
C'est souvent une recherche de spiritualité qui incitera la personne malade à avancer différemment et à aborder la vie avec des croyances modifiées.

La reconstruction

Peut-on parler de reconstruction lorsqu'on sait que la santé ne sera plus jamais intacte ? Oui, mais le parcours est long et au bout du chemin se profile, comme un cadeau, une sérénité face à l'avenir.

L'étape du deuil permet de voir positivement les expériences dues à la maladie. C'est souvent une recherche de spiritualité qui incitera la personne malade à avancer différemment et à aborder la vie avec des croyances modifiées. À ce stade, elle est en paix avec ce qui lui arrive, compose au quotidien avec sa maladie et avec les changements parfois imposés par celle-ci : déménager, vivre différemment, etc., des décisions qui peuvent parfois époustoufler les proches aidants.

La maladie chronique évoluant par paliers, ces étapes seront traversées à nouveau à chaque poussée importante. Le proche aidant doit donc s'adapter continuellement au malade, là où il en est dans le moment présent.

Tous les échanges sont influencés par le deuil de la santé et peuvent se montrer chaotiques à certains moments. Identifier cette étape permettra au proche aidant de poser une distance plus juste dans les échanges, de se déculpabiliser des agressions verbales dont il peut être l'objet.

L'acceptation de la maladie

Le chemin est long avant l'acceptation d'une maladie. Dans son livre *Vivre ensemble la maladie d'un proche*[4], Christophe Fauré, psychiatre spécialisé dans l'accompagnement des personnes en fin de vie et de leurs proches, propose de comprendre les mécanismes de protection du malade.

- Le *déni* : le malade se distance de l'angoisse en évacuant la réalité du diagnostic. Il peut également faire comme s'il ne l'avait pas entendu.
- La *dénégation* : le malade sait, mais il atténue et réinterprète le diagnostic à sa manière. Il évitera le mot qui fait mal et le remplacera par un autre, mieux gérable pour lui (grosseur à la place de cancer, par exemple).
- L'*isolation* : c'est une manière de se protéger, de parler de sa maladie avec un détachement qui peut surprendre l'autre, d'éviter de vivre des émotions

[4] Éditions Albin Michel, 1998.

difficiles. La maladie est là, mais elle ne le concerne pas.

- La *projection* : c'est une manière d'éviter la réalité de la maladie en se focalisant sur une problématique différente (par exemple, se faire du souci pour son travail alors qu'un cancer a été diagnostiqué).
- La *maîtrise* : c'est une stratégie de contrôle pour reprendre la situation en main. Cet outil est efficace pour le malade, pour autant qu'il ne soit pas teinté de déni.
- La *régression* : c'est une demande du malade au proche aidant de se battre pour lui. Il délègue tout à son entourage car il ne peut y faire face.

Ces mécanismes permettent de combattre la peur. Identifiés par l'entourage, le proche aidant pourra s'ajuster le mieux possible au malade pour avancer dans l'histoire de sa maladie.

Dans le processus du deuil de la maladie, l'étape de l'acceptation est la plus difficile à traverser. C'est elle qui permettra au malade de retrouver le goût de la vie malgré la perte de la santé et de redonner un sens à sa vie en réorganisant ses priorités. L'intensité de l'instant présent est souvent vécue différemment ; les objectifs sont fixés à plus court terme. Le quotidien est réorganisé sans résistances. Les échanges avec les proches se normalisent petit à petit et se teintent aussi de complicité. C'est un moment de répit pour tous. La personne accepte d'avancer différemment et lâche prise.

Pour aller plus loin

Dans le processus de deuil de la maladie, l'étape de l'acceptation est la plus difficile à traverser. C'est elle qui permettra au malade de retrouver le goût de la vie malgré la perte de la santé et de redonner un sens à sa vie en réorganisant ses priorités.

L'histoire de vie

Trajectoire de vie, trajectoire de maladie, trajectoire de proche aidant... dans les pages précédentes, l'histoire de vie a été nommée à plusieurs reprises. Comprendre sa vie n'a jamais été très facile. Pourtant, c'est un élément important qui permet de donner un sens au moment présent, de comprendre les liens qui se tissent entre la personne malade et les autres, une ressource pour gérer une distance relationnelle qui peut, avec le temps, devenir une codépendance.

La vie est-elle une histoire ? Non ! *« La vie est un ensemble ordonné et sensé »*, écrivent Gaston Pineau et Jean-Louis Le Grand[5]. C'est un mélange de hasards et de nécessités dont la narration ne peut être qu'une reconstruction subjective et arbitraire, sans aucune objectivité.

Dans la pratique courante, cet ensemble historique est représenté par :

[5] *Les histoires de vie,* Que sais-je, Éd. PUF, 1993, p. 74.

Chemin de vie

- le registre d'état civil, puis l'épitaphe mortuaire (qui représentent la naissance et la mort),
- une pratique intergénérationnelle ponctuée par des repas familiaux,
- des rencontres entre copains pour échanger les dernières nouvelles,
- des fêtes d'anniversaires, surtout les décennies, pour faire le point de sa vie,
- des pratiques transitionnelles : bilan scolaire, niveau de compétences, CV,
- des commémorations et allocutions (oraisons funèbres, retraites, etc.),
- la psychanalyse, la généalogie ou toute autre discipline qui permet de s'exprimer, de se raconter à un thérapeute qui écoute et propose son aide.

Il est difficile de définir exactement une histoire de vie tant elle est complexe. Essayez de raconter ou d'écrire votre propre vécu pour vous apercevoir comme cela est compliqué, tant les méandres d'une existence sont nombreux et variés.

Comprendre une histoire de vie, c'est tenter de se retrouver dans les différents morceaux semés en chemin au fil des ans et des événements. Chaque chemin est unique et c'est l'interprétation que nous faisons des événements vécus qui la construisent.

Auparavant, nos ancêtres racontaient leur existence dans un journal intime ; c'était une tentative pour se projeter dans l'avenir. Et maintenant, l'une des manières les plus modernes pour s'exprimer, c'est publier un témoignage sur Facebook !

L'histoire de vie concerne la construction d'une personne dans son être en devenir. Une amnésie provoque une dépersonnalisation par l'élimination de la temporalité. Ne plus pouvoir se raconter suite à des troubles de mémoire et une peine à se situer dans le temps est dramatique pour la personne malade... ainsi que pour son entourage et le proche aidant, qui perdent leurs points de repères pour la situer, l'aider et l'aimer.

Comprendre sa vie est un tour de force. Tenter de comprendre la vie d'une autre personne est une illusion. Filtres et interprétations, sens et croyances... modifient largement ce que l'on croit être la réalité de l'autre. De plus, celle-ci se transforme dans le temps et son roman se réécrit à tout moment.

La maladie bouleverse des histoires de vie, celle de la personne souffrante et celle des proches aidants. Les histoires interfèrent sur l'aide que reçoit le malade. Ce dernier est parfois accompagné par une multitude de gens prêts à se mettre en quatre pour lui ; d'autres avancent dans un désert relationnel, avec un sentiment de solitude affreux et un regard de profonde déception face à la vie.

Conclusion : La trajectoire de vie du proche-aidant est colorée – parfois vivement – par la trajectoire d'existence du malade, au point que sa vie en est bien souvent imprégnée à son insu. Définir une juste distance de l'aide accordée et s'y tenir permettra au proche-aidant de se ressourcer ailleurs afin de conserver son efficacité auprès du malade.

2 • Psychologie de la personne âgée

Quotidien
Changements
Peurs

« L'être humain vieillit quoi qu'il arrive. Mais il ne tient qu'à lui-même de réussir sa vieillesse. »

Anselm Grün

Quotidien et adaptation

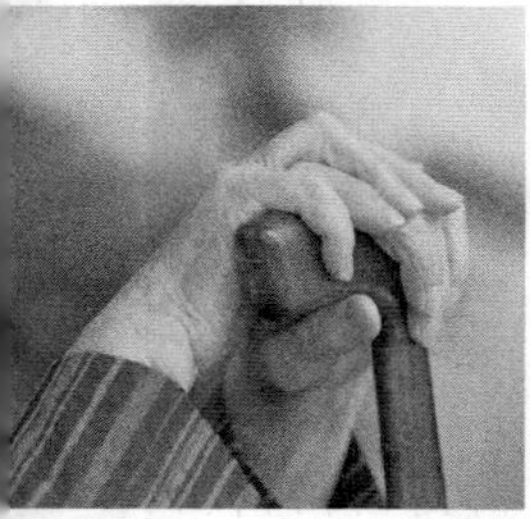

Le vieillissement commence à la naissance, car certaines cellules se régénèrent déjà difficilement dès la venue au monde.

À partir de quand peut-on dire qu'une personne est vieille ? Tout dépend de la qualité de vie, du caractère, de la vie sociale, de l'hérédité, de la maladie de chacun. Il est difficile d'annoncer un âge précis car certaines personnes se sentent vieilles à 40 ans et d'autres sont encore jeunes à 70 ans.

Les premiers signes visibles des années qui passent sont les rides qui se creusent au fil du temps, le corps qui change et qui perd sa tonicité, la peau qui devient moins élastique et se détend. Les fabricants de cosmétiques et autres pilules miracles, les pratiquants de chirurgie esthétique se frottent les mains car les consommateurs – ou plutôt les consommatrices – qui pensent ne pas supporter le regard des autres constituent pour eux des « proies » faciles et donc leur gagne-pain de prédilection.

Les premiers cheveux gris seront camouflés par des shampoings colorants et la vue améliorée et illuminée par une belle paire de lunettes, voire de lentilles de contact.

Et grâce à la petite pilule bleue, les pannes sexuelles de ces messieurs ne seront plus que de vagues souvenirs lointains.

La mode aide, elle aussi, à se sentir jeune, lorsqu'on ose porter des couleurs et des formes agréables. Fi les coloris gris et bruns de nos ancêtres, ces habits qui donnaient déjà le ton à la vieillesse !

Et qui ose encore parler de déclin, de décrépitude ?

Le vieillissement est de plus en plus maîtrisé dès le départ et même nié ; et les personnes âgées sont en meilleure forme plus longtemps... belle perspective ! Mais alors, quand devient-on vieux et comment ?

Aujourd'hui, c'est avant tout le quotidien auquel une personne doit faire face qui déterminera progressivement une prise de conscience de certaines difficultés physiques et/ou psychiques. C'est très souvent un proche aidant qui identifiera les petites pertes quotidiennes : un frigo avec des aliments moisis, la litière du chat qui sent plus fort que d'habitude, des mots que l'on cherche plus souvent, un pas qui perd de son assurance, des bleus aux membres qui apparaissent ; bref, quelque chose cloche pour tout le monde. La personne vieillissante se rend compte de petits incidents, mais ne souhaite pas en parler, et l'entourage proche ne veut pas lui faire de peine et tente donc de pallier à ses premières pertes d'autonomie.

Le saviez-vous ?

Vieillir, c'est vivre avec ces micropertes quotidiennes qui, avec le temps, modifient considérablement les habitudes.

Dans ces moments-là, il est difficile de mettre des mots sur les ressentis car il est toujours pénible d'accepter une perte, peu importe qu'elle soit lourde de conséquences ou non !

Vieillir, c'est vivre avec des micropertes quotidiennes qui, avec le temps, modifient considérablement les habitudes :

- Un jardin dans lequel la personne a passé des heures, où les mauvaises herbes trouvent maintenant de l'espace pour grandir et proliférer.
- Des réunions familiales où les compétences culinaires de la maîtresse de maison font place à un repas traiteur.
- Des randonnées en montagne qui ne se vivent plus qu'à travers des images.
- Des sorties amicales qui, avec le temps, sont remplacées par des séances solitaires de télévision.
- Une présence au foyer qui se transforme souvent en isolement.
- Une volonté de faire des choses qui se meut en contrainte.

Transformation

La bougie qui se consume doucement est bien la meilleure image pour illustrer ces transformations.

L'adaptation est définie par le remplacement d'une chose par une autre, un ajustement, une habitude qui change pour retrouver un confort dans sa manière de fonctionner. C'est le geste répétitif qui se modifie pour arriver au même résultat qu'auparavant ; c'est accepter de faire autrement pour conserver un maximum d'autonomie. Cependant, il est très difficile de changer une habitude car elle est tellement sécurisante !

Le quatrième âge fait partie de la tranche de vie qui exige de l'adaptabilité pour conserver au mieux son indépendance. Ceux qui s'en sortent le mieux, ce sont les personnes qui acceptent de vieillir le sourire aux lèvres ; elles trouvent trucs et astuces tous les jours, inventent et improvisent au quotidien. Elles osent demander un coup de pouce et leurs relations avec les proches aidants sont détendues.

Vieillesse et maladie ne font pas bon ménage. L'adaptation pour conserver un maximum d'autonomie est alors difficile car l'énergie vitale est fortement mobilisée pour lutter contre la maladie. Les forces déclinent et c'est un moment de crise qui s'installe. C'est une période aux vécus douloureux pour tous, mais combien nécessaire pour mettre en place de nouveaux fonctionnements et de nouvelles habitudes. Elle permettra de solliciter l'aide extérieure, en complément de celle procurée par l'entourage proche. C'est en acceptant de s'ajuster au processus de vieillissement que l'on peut vivre le mieux possible avec la maladie et la vieillesse, tout en s'adaptant au quotidien.

2

La peur de vieillir

La vieillesse est pour nous tous le dernier temps d'existence ici bas. La dernière étape d'une histoire de vie et aussi le moment fatal du bilan. Elle inclut un regard porté sur le passé et génère souvent une impuissance de pouvoir changer des choix.

Charlotte Herfray[6] décrit différents discours possibles lorsqu'on aborde le thème de la vieillesse. Elle identifie des axes différents pour en parler : médicaux, psychanalytiques, statistiques, comportementaux, idéologiques, théoriques. D'autres auteurs émettent des hypothèses sur la signification des paroles qu'emploie la personne pour parler de sa vieillesse. Chacun s'exprimera selon le niveau où il se trouve.

Les phases de la vie sont représentées par la naissance, les études, le travail, l'union, la famille, la retraite et le décès. Tout au long de l'existence, chacun de nous traverse des phases remplies d'événements

[6] *Deuils et grand âge, peut-on apprendre à vieillir. Études sur la mort, revue de la société de thanatologie,* Charlotte Herfray, Éd. L'esprit du temps, 2009, p. 77.

particuliers, entrecoupées de périodes de transition où l'inconfort et les questionnements arrivent de toutes parts.

Les étapes de la vie de l'adulte sont marquées par les décennies de l'âge :

Un peu d'histoire

Depuis le début du XXe siècle, les civilisations privilégiées sont les premiers témoins des progrès considérables de la médecine et de ses conséquences : l'allongement de la vie.

- À 20 ans : entrée dans le monde des adultes.
- 30 ans : recherche de stabilité.
- 40 ans : devenir soi-même.
- 50 ans : consolidation.
- 60 ans : ralentissement.
- 70 ans : introspection et bilan de vie.

À partir de 50 ans, chacun de nous cherchera à réaliser des buts qui lui sont chers pour le reste de son existence. La vie et les priorités changent alors de sens. Une graine germe pour se préparer à une vie autre. Le but lointain de la retraite commence à se profiler et à prendre du sens pour certains ; pour d'autres, une sorte de peur s'installe insidieusement.

Depuis le début du XXe siècle, les civilisations privilégiées sont les premiers témoins des progrès considérables de la médecine et de ses conséquences : l'allongement de la vie.

De 1900 à 2000, l'espérance de vie en France (moyenne hommes et femmes) est passée de 48 à 79 ans, soit une hausse de 65 % en un seul siècle.

Suite à l'accroissement de l'espérance de vie, une étape importante est venue s'y greffer : le quatrième âge pour certains ressortissants de pays disposant d'un système médical avancé.

Espérance de vie (estimation 2007)		
Pays	Femmes	Hommes
France	85 ans	78 ans
Roumanie	77 ans	70 ans
Mozambique	41 ans	
Swaziland, Angola, Zambie, Zimbabwe, Lésotho, Libéria,	Moins de 40 ans	
(Source : CIA World Factbook)		

L'espérance de vie dans certains pays d'Afrique a même baissé depuis les années 1990, notamment à cause du Sida ; ainsi, ces peuples n'ont même pas le temps de vieillir !

En France, entre 1950 à 2010, les femmes vivent en moyenne 17 ans de plus et les hommes 15 ans de plus.

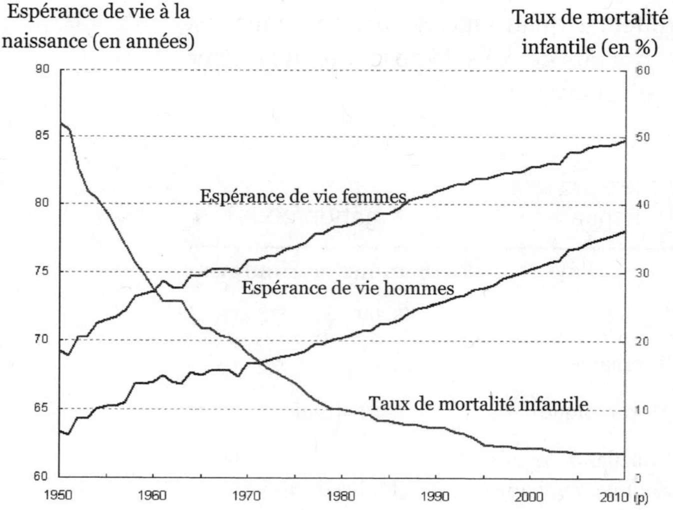

Espérance de vie à la naissance et taux de mortalité infantile
(Source : www.insee.fr)

Une évaluation du nombre de centenaires permet de venir étayer cette réflexion de société :

Au 1er janvier	Nombre de centenaires
1900	100
1950	200
1960	977
1970	1 122
1980	1 545
1990	3 760
2011	15 474
2015	22 912
2020	30 038
2030	54 255
2040	73 106
2060	198 645

Nombre de centenaires en France

(Source : www.insee.fr)

L'excellent livre *Le prophète,* de Khalil Gibran[7], peut soutenir des méditations et donner un sens à la vie. C'est après avoir vécu des expériences de proche aidant pour accompagner en fin de vie sa mère, l'une de

[7] Éditions Albin Michel, 1990.

ses sœurs et son frère, dans la même année, qu'il commence à écrire ce chef-d'œuvre, issu d'un état de détachement douloureux créé par son chagrin. Publié en 1923, il y aborde des valeurs essentielles telles que l'Amour, les enfants, le travail, la joie, la tristesse, la liberté, le plaisir, la beauté, ainsi que de la mort. Étrange coïncidence qu'il ne parle pas de la vieillesse... car au vu des chiffres ci-dessus, celle-ci n'existait quasiment pas à cette époque !

Quand on lui demanda, lors d'une de ses conférences, ce qui le surprenait le plus dans le monde, le Dalaï-Lama répondit : *« Les hommes, parce qu'ils perdent la santé pour accumuler de l'argent et ensuite, ils perdent de l'argent pour retrouver la santé. Et à penser anxieusement au futur, ils en oublient le présent, de telle sorte qu'ils finissent par ne vivre ni le présent, ni le futur. Ils vivent comme s'ils n'allaient jamais mourir et meurent comme s'ils n'avaient jamais vécu. »*

Les médias chantent l'hymne à la vie, avec des slogans tels que « vieillir beau et en bonne santé », alors qu'une transformation se met en place comme pour tout organisme vivant. L'être humain, de par sa capacité d'anticipation et de sa notion du temps, prend conscience qu'un jour, tout s'arrêtera. Sur le thème du quatrième âge et de la mort cependant, les médias se taisent : pas de pub, pas de crème miracle, pas d'émission dédiée à cette tranche d'âge... juste un silence lourd et pesant.

Olivier de Ladoucette, gérontologue et psychiatre bien connu et président fondateur de la fondation Ifrad en France (pour la recherche sur la maladie d'Alzheimer), qui rencontre des centaines de seniors par an, est catégorique : les gens ont peur de vieillir parce qu'ils souffrent du regard que l'on porte sur eux.

Se regarder

Marie de Hennezel[8] propose de changer notre regard sur les aînés de notre société, et aux personnes âgées, elle suggère de vieillir sans être vieux en entretenant la chaleur du cœur pour éviter aux corps de rouiller. Superbe initiative !

La société a mal avec ses vieux, c'est un nouveau phénomène de civilisation. Que faut-il en faire ? Les cloîtrer à domicile, entourés de professionnels de la santé, ou les diriger en maison de retraite pour y finir difficilement leur vie ? Face à cette réalité, comment ne pas avoir peur de vieillir ?

[8] *La chaleur du cœur empêche le corps de rouiller*, Marie de Hennezel, Éd. Robert Laffont, 2008.

Peur de souffrir ? Peur de dépendance ? Peur de perdre la tête ? Peur de perdre sa dignité ? Peur de mourir à l'hôpital ?

Face à des morts subites de personnes âgées, il n'est pas rare d'entendre des propos de soulagement du type : « Au moins il n'a pas souffert... » Mais en réalité, qu'en savons-nous ?

Les premiers témoins de notre merveilleuse avancée de la science ne savent plus s'ils veulent devenir vieux, très vieux... ; s'ils ont vraiment envie de terminer leur vie avec la peur au ventre !

Pour accompagner les personnes du quatrième âge, les proches aidants sont bien souvent soit des enfants « nouveaux vieux » dans la soixantaine, soit des bénévoles qui s'investissent suite à une disparition d'un de leurs proches. Il n'est pas rare de rencontrer des petits-enfants accompagnant des parents malades et des grands-parents très vieux et dépendants. Double charge d'aide avec des relations pas toujours gratifiantes, souvent teintées d'agressivité due à de nombreuses peurs et aux difficultés que le lien à l'autre peut subir.

ATTENTION

Les premiers témoins de notre merveilleuse avancée de la science ne savent plus s'ils veulent devenir vieux, très vieux... ; s'ils ont vraiment envie de terminer leur vie avec la peur au ventre !

Les changements de rôle

Au cours de notre existence, chacun de nous sera appelé à endosser différents rôles. Ils sont multiples et peuvent s'enchaîner, allant de l'entraîneur de football au directeur d'entreprise, de l'étudiant à la nounou occasionnelle..., toutes les combinaisons sont possibles. Chaque étape de la vie dicte les rôles que l'on peut revêtir : écolier, apprenti, copain, amoureux, employé, parent, retraité, etc.

Le rôle de parent est sans doute le plus difficile à assumer et celui qui demande le plus d'investissement dans le temps. Il n'est pas possible de s'arrêter en cours de route, de prendre une année sabbatique ou de divorcer pour en échapper. Il fait partie d'une normalité à laquelle nous sommes le moins préparé et pourtant, qui demande des compétences multiples. L'éducation des enfants est sans aucun doute l'étape la plus importante, avec toute la charge de responsabilité qu'elle engage.

Les premiers modèles qui marquent notre vie sont ceux de nos propres parents, puis les lectures et les connaissances transmises par des amis viennent nous enrichir et nous aider à construire notre propre édifice.

Jusque-là, tout va bien, nos parents ont joué leur rôle et nous avons joué le nôtre auprès de nos enfants. À la majorité de ceux-ci, nous retrouvons donc une liberté personnelle mise en sommeil pendant des années : notre rôle d'éducateur se transforme et nous devenons des conseillers, ce qui est très agréable d'ailleurs car les décisions sont prises hors de notre champ d'intervention.

Avec l'âge, la fille ou le fils, ou peut-être une nièce ou un neveu, sera confronté à des prises de décisions qui ressemblent étrangement à celles des parents : décisions pour l'autre, souci du confort, sécurité, mise en place de conditions favorables au développement de la personne vieillissante. C'est le rôle le plus difficile qui soit car il n'est pas naturel : devenir parent de ses parents !

Avancer dans l'âge en subissant au quotidien des micropertes perturbe bien souvent la maîtrise physique et intellectuelle d'un être. Au début, ce seront des petites choses, comme des pertes d'urine ou de selles, qui nécessiteront de se protéger. Suite à une difficulté de mobilisation, une couche sera appréciable (au début pour la nuit) pour la personne âgée elle-même comme pour le proche aidant.

Planifier ses repas à l'avance pour quelques jours, puis dresser la liste des courses devient un véritable remue-méninges pour certains. La mémoire s'effiloche petit à petit et l'anticipation devient difficile. L'entourage endossera donc le rôle du nourricier, fera les courses ou préparera des repas maison pour les apporter tous les deux jours chez la personne âgée, ou fera appel à un service à domicile.

Le processus sera identique pour le ménage, la toilette et les soins. Avec le temps, la gestion des papiers administratifs, tels que les impôts, les assurances, les factures à payer et la gestion financière suivront le même chemin. En effet, un retrait d'argent dans un distributeur devient impossible à cause de la complexité des informations qu'il faut savoir. Rien que la mémorisation du code et l'entrée du montant sur le clavier deviennent irréalisables sans aide !

Bon à savoir

Dans certaines familles, le changement de rôle est plus ou moins bien vécu. Un rapport de confiance construit auparavant permet de déléguer progressivement les décisions et tout se passe en douceur.

Dans certaines familles, le changement de rôle est plus ou moins bien vécu. Un rapport de confiance construit auparavant permet de déléguer progressivement les décisions et tout se passe en douceur. Dans d'autres familles, la confusion mentale contribue parfois à évoquer des sentiments de persécution et de méfiance, d'infantilisation, voire de vols ressentis par la personne âgée. L'entourage est alors obligé de faire appel à des curatelles ou des tutelles pour protéger la personne d'elle-même. Les procédures judiciaires sont d'ailleurs allégées pour faire face à cette problématique.

Conclusion : Avancer dans l'âge et subir des micropertes quotidiennes perturbent bien souvent la maîtrise physique et intellectuelle. Au début, ce seront des petites choses, comme l'incontinence, qui nécessiteront des protections. Organiser ses courses et préparer ses repas devient pour certains un parcours du combattant. La mémoire s'effiloche petit à petit et la vie devient impossible sans l'aide de l'entourage.

3 • Le proche aidant

Besoins
Proximologie
Relations

« Sans compassion et amour authentiques,
il est difficile d'accepter et de tolérer l'autre. »

Le Dalaï-Lama

État des lieux

Partager

Permettre à la personne âgée en perte d'autonomie de demeurer le plus longtemps possible à domicile repose implicitement sur l'hypothèse d'une aide informelle disponible. Au Québec, on estime que plus de 70 % de l'aide dispensée à ces personnes proviennent de proches aidants.

Quant au soutien à ces aidants sous différentes formes, celui-ci varie d'un pays à l'autre. Par exemple, au Royaume-Uni, plusieurs lois ont permis de faire avancer la cause des proches aidants. Une première loi promulguée en 1995 leur reconnaissait un statut officiel. Par ailleurs, la France, l'Angleterre et l'Allemagne accordent aux aidants des congés sans solde pour prendre soin d'une personne en perte d'autonomie. La durée de ce congé est de trois mois en France et peut aller jusqu'à 48 mois dans les deux autres pays. C'est l'Allemagne qui offre le plus de facilités quant à ces congés.

Dans certains pays, comme en Allemagne, en Angleterre et en Espagne par exemple, on observe également une tendance à privilégier la mise en place de prestations financières. Si les pratiques diffèrent d'un pays à l'autre (montant alloué, usage contrôlé ou non, etc.), cette modalité offre la possibilité de rémunérer un proche aidant sous certaines conditions. Là encore, c'est l'Allemagne qui propose le modèle le plus généreux. L'assurance longue durée, rendue obligatoire en 1995, permet à la personne en perte d'autonomie de recevoir, selon son choix, une prestation en nature (services d'une entreprise reconnue par l'État), en numéraire (allocation d'une somme d'argent) ou une combinaison des deux. L'aide financière peut être versée aux aidants qui assurent plus de 14 heures de soins par semaine. Ils bénéficient également de droits sociaux intéressants (assurance contre les accidents lorsqu'ils procurent des soins et cotisation par l'assurance longue durée à un régime de retraite).

Au Danemark, plusieurs mesures sont définies par des lois visant à soutenir les proches aidants. Par exemple, l'autorité gouvernementale locale peut procéder au remplacement, pour une période de six mois, d'un proche aidant qui désire s'absenter de son travail pour s'occuper d'une personne présentant une problématique de perte d'autonomie.

Au Canada, le proche aidant peut avoir droit à des crédits d'impôts ainsi qu'à des services de répit à domicile (personne qui le remplace pendant quelques heures ou quelques jours) ou en établissement, à un soutien psychosocial et des formations.

L'intervention d'une assistance administrative permet au proche aidant de bénéficier d'une aide à la coordination des prestations de services, en plus d'un soutien au niveau de son rôle.

Au Québec, le proche aidant est considéré, dans la politique de soutien à domicile, à la fois comme un client des services de prestations, un partenaire et un citoyen qui remplit ses obligations.

Bon à savoir

L'intervention d'une assistance administrative permet au proche-aidant de bénéficier d'une aide à la coordination des prestations de services, en plus d'un soutien au niveau de son rôle.

En France, il existe une réduction ou un crédit d'impôt pour l'emploi d'un salarié à domicile, ainsi que pour certains équipements spéciaux dans l'habitation principale, une participation aux frais de transport du patient et de son accompagnateur, une compensation au parent contraint de suspendre son activité professionnelle pour soigner un enfant mineur, entre autres. Ces aides sont allouées dans des situations bien spécifiques et il est nécessaire de se renseigner auprès des organismes officiels. Un site précieux qui contient une foule d'informations : **www.prochedemalade.com**.

En revanche, la Suisse est en retard ; il n'y existe pas encore de loi fédérale concernant le proche aidant.

Un canton comme Genève légifère l'aide et les soins à domicile en décrétant une loi à ce propos : « *Le réseau de soins garantit des mesures de répit, d'accompagnement et de conseil aux proches, dans le but de favoriser le maintien à domicile.*[9] » Entrée en vigueur en 2010, les proches aidants en attendent impatiemment des actions sur le terrain. L'une des premières mesures de répit est proposée au proche aidant d'une personne âgée par la mise à disposition de lieux médicalisés spécifiques pour des séjours de courte durée.

À Fribourg, la Croix-Rouge octroie une aide financière journalière après avoir évalué le degré de dépendance de la personne malade.

Des associations de patients, telles qu'Alzheimer ou Parkinson, ou encore Pro Senectute pour les personnes âgées, commencent à proposer de l'aide à l'entourage, mais les moyens manques cruellement.

En Belgique, le gouvernement veille à ce que la personne qui consacre son temps à soigner un proche dépendant ne subisse

[9] www.ge.ch/legislation/rsg/f/s/rsg_K1_06.html

pas de préjudices directs ou indirects dans le cadre de sa carrière professionnelle. À cette fin, il élabore, en concertation avec les communautés et les régions, un statut fiscal et social pour l'aidant proche qui consacre son temps à la prise en charge d'une personne dépendante. Un rapport de recherche vient d'y être publié : *« Reconnaissance légale et accès aux droits sociaux pour les aidants proches »*[10], afin de soutenir les proches aidants.

L'association Aidant Proche ASBL a pour but d'aider et de soutenir les aidants proches, c'est-à-dire des intervenants non professionnels auprès d'une personne fragilisée de leur entourage. Elle propose un site fourni en renseignements pour la Belgique : **www.aidants-proches.be**

Quelle place souhaitons-nous attribuer au proche aidant dans nos sociétés ? Comment articuler son rôle et celui des services d'aide existants ? Intrusion des pouvoirs publics dans la sphère privée, quelle position du proche aidant ? Est-il correct de « payer » le dévouement ? Comment éviter que la situation des proches aidants

[10] www.aidants-proches.be/rshared/File/reconnaissance-legale-des-aidants-proches.pdf

ne devienne rigide et exerce un impact négatif sur leur histoire de vie ? Faut-il professionnaliser l'activité de proche aidant ? Comment permettre à l'aidant de « respirer » quand l'aide qu'il offre devient trop lourde ? Comment le soutenir lorsqu'il doit faire face à des difficultés, à des sentiments de culpabilité, de codépendance ?

Chaque pays devrait pouvoir répondre à ces questions rapidement, selon les spécificités propres de son système de santé. Dans la pratique, l'entourage s'enlise hélas bien souvent dans des difficultés financières, organisationnelles, de fatigue. Il faut très rapidement mettre en place des réponses avant que toutes ces personnes de bonne volonté ne deviennent elles-mêmes malades !

Suis-je un proche aidant ?

Aimer

Proche de personne malade, proche aidant, aidant naturel, famille, entourage... que de noms pour représenter les personnes prêtes à investir du temps auprès d'un être malade ou âgé, d'un enfant ou d'une personne handicapée. Peu importe le mot utilisé, il est connoté par la souffrance d'un individu.

L'amie de cœur, la voisine du dessus, un ami d'enfance, etc. font-ils partie de l'entourage d'un patient ? La famille n'étant pas toujours présente (conflits, éloignement géographique, absence de famille...), certains patients se trouvent en contact étroit avec des personnes hors lien du sang.

Dans un article sur le droit des proches du patient à propos de la prise de décision médicale, le Dr D. Manai[11] définit ainsi les proches : *« Le critère servant à déterminer la proximité relationnelle n'est pas juridique ; mais de fait : c'est l'intensité des liens affectifs qui compte, l'information doit être donnée à la personne la plus intime.*

[11] Manai D., *Médecin et droit médical,* Médecine et hygiène, 1990, p. 57.

M. Mandofia Berney, maître assistante en droit médical et éthique à la Faculté de médecine de l'Université de Genève, précise également que la notion de proches s'évalue concrètement : « *Elle tient compte des liens affectifs et ne se limite pas forcément aux liens familiaux. C'est l'intensité du lien qui doit être décisive* »[12]

Dans une vue holistique, la personne malade est intégrée dans un système de relations familiales, amicales, sociales et professionnelles. Pour certains patients sans famille, un ami est indéniablement le bienvenu ! Être un aidant, c'est tout simplement être attentif au bien-être et à la qualité de vie d'un proche qui a besoin de notre soutien.

Le bénévole est une personne formée à l'accompagnement qui intervient régulièrement auprès d'une personne souffrante ou âgée. Il sera une ressource précieuse pour les proches aidants, mais ne fait pas partie de l'entourage direct de l'individu.

Le proche aidant vient en aide, à titre non professionnel, en partie

Le petit plus

Être un aidant, c'est tout simplement être attentif au bien-être et à la qualité de vie d'un proche qui a besoin de notre soutien.

[12] Mandofia Berney M., *Médecin et droit médical,* Médecine et hygiène, 1990, p. 171.

ou totalement, à une personne malade, âgée ou handicapée pour les activités de la vie quotidienne. Dans un contexte où le proche aidant est appelé à s'investir de plus en plus à cause du vieillissement des populations, des systèmes de santé toujours plus économes et des progrès médicaux qui facilitent le maintien à domicile, les politiques et les professionnels de santé devraient en prendre soin car leur contribution est essentielle.

Cette aide régulière est temporaire ou permanente. Elle peut revêtir différentes formes, comme la surveillance des prises de médicaments et les soins, l'accompagnement dans la vie sociale, les démarches administratives, la coordination, la stimulation, le soutien psychologique, les activités domestiques, le soutien financier. L'activité peut se dérouler au domicile du proche que vous aidez ou chez vous si vous avez choisi de l'accueillir.

Il existe un questionnaire qui permet d'évaluer l'implication du proche aidant. Il se nomme *échelle de pénibilité de Zarit* (voir test pages 122-124).

La proximologie

3

Dans un projet de soin, le regard a toujours été orienté vers le patient. Les recherches et les finances lui ont été consacrées dès la mise en place de la science médicale. L'intérêt voué à l'entourage de la personne malade était négligeable il y a encore peu de temps.

Depuis 2001, Novartis Pharma initie un projet pilote d'une nouvelle science, intitulée *proximologie*, et en donne la définition suivante : « *La proximologie est une nouvelle aire de recherche qui se consacre à l'étude des relations entre le malade et ses proches. Cette approche pluridisciplinaire, au carrefour de la médecine, de la sociologie et de la psychologie, fait de l'entourage des personnes malades ou dépendantes un objet central d'étude et de réflexion. La proximologie s'inscrit dans une réflexion globale sur nos systèmes de soins et les différents acteurs de la santé. Elle cherche notamment à mieux comprendre la nature du lien et des relations qui unissent une personne atteinte de pathologie chronique lourde, ou handicapée, avec ses proches (famille, voisins, amis...). Demain, les progrès réalisés en proximologie compléteront et renforceront les innovations thérapeutiques, ainsi que les pratiques médicales et le fonctionnement de notre système de soins. »*[13]

La proximologie n'existe qu'à travers le lien qui se tisse avec la personne malade et/ou âgée. Cependant, même avant d'être nommée, cette activité a toujours existé grâce au travail et à l'aide fournis par les proches ; le réseau primaire (personne qui apporte l'aide en premier) a toujours été présent. Qu'est-ce qui change aujourd'hui ?

- Le regard centré sur la personne qui aide.
- Le temps des accompagnements, qui peuvent durer 5, 10, 15, 20 ans ou plus.
- Les difficultés économiques de plus en plus importantes dans le domaine de la santé.
- L'augmentation du nombre de personnes âgées et la prolongation de la vie des malades chroniques grâce au progrès de la médecine (Sida, cancer avec rémission, etc.).

Bon à savoir

Même avant d'être nommée, la proximologie a toujours existé grâce au travail et à l'aide fournis par les proches ; le réseau primaire (personne qui apporte l'aide en premier) a toujours été présent.

[13] www.proximologie.com

- Une qualité de vie stressante, donc peu de temps pour aider l'autre.
- Une demande de reconnaissance du rôle des proches.

Jusqu'à présent, l'aide apportée à une personne malade ou âgée était considérée comme normale. La loyauté et l'entraide familiale faisaient parti de ces valeurs qui favorisaient un investissement sans attente de reconnaissance. Les familles nombreuses et une organisation différente du quotidien permettaient aux femmes de donner de leur temps. Et les temps des accompagnements étaient plus courts car les gens vivaient moins longtemps.

Rire

Face aux phénomènes de la vie moderne – davantage de personnes âgées dépendantes, une vie professionnelle plus longue et plus stressante, des finances publiques moins généreuses, une population en âge d'aider moins nombreuse... – Hugues Joublin[14], directeur de la communication et des services marketing du groupe Novartis, souhaite réinventer la solidarité de proximité et donner un essor nouveau à la proximologie.

[14] *Réinventer la solidarité de proximité,* Hugues Joublin, Albin Michel, 2005.

Il n'est pas rare de rencontrer des proches aidants avec deux, voire trois accompagnements en cours, par exemple un père, une belle-mère et une amie très chère. Beaucoup de femmes travaillent et se retrouvent coincées dans un quotidien constitué d'une vie familiale, d'un parcours professionnel, d'une charge d'aide informelle de proche aidante. Cela demande des compétences d'organisation hors normes, avec un oubli de soi assuré ! Un tiers des proches aidants avouent avoir diminué ou arrêté toute activité de loisirs !

Fin 2003, un colloque avec le thème « Aide aux aidants familiaux, travail invisible et enjeux de santé » a eu lieu en Suisse romande. Il était axé essentiellement sur la problématique des personnes âgées encadrées à domicile par des aidants naturels et des professionnels.

Le professeur J.-P. Assal, spécialiste en éducation thérapeutique du patient, explique les enjeux de santé en lien avec la personne âgée : *« Avec l'avance en âge, les maladies chroniques augmentent au détriment des maladies aiguës. Elles sont souvent non guérissables, silencieuses en dehors des crises d'évolution incertaine et souvent liées au mode de vie produisant progressivement sur la longue durée des incapacités et des problèmes de fragilités et de dépendance dans la vie quotidienne.*[15] »

Les réflexions suivantes évoquées lors du colloque :

- Comment créer des espaces de soutien et d'entraide auprès des proches ?
- Comment introduire une primauté relationnelle dans des systèmes professionnels ?
- Comment inventer un partenariat entre aidants familiaux et professionnels.

Dans les actes du colloque, la sociologue Anne Bardet-Blochet et la psychologue Cécile Disch évoquent les résultats d'une enquête intercantonale. Leurs conclusions soulignent que *« l'engagement des familles dépend de la qualité des échanges avec les soignants professionnels et de la reconnaissance sociale de leur travail informel*

[15] Assal J.-P., « Traitement des maladies de longue durée : de la phase aiguë au stade de la chronicité. Une autre gestion de la maladie, un autre processus de prise en charge », *Encyclopédie médico-chirurgicale,* 25-005-A10, Elsevier, Paris, 1996.

par des mesures de soutien approprié »[16]. Plus de la moitié des aidants interrogés souhaitent soit un soutien financier et fiscal, soit un service spécialisé d'aide à domicile, ou encore une formule de répit.

De toutes parts, les enquêtes fleurissent à propos de la problématique des proches aidants car le système de soin a besoin d'eux pour des maintiens à domicile, moins onéreux qu'un placement en institution. Des enjeux économiques considérables se cachent derrière ce public particulier.

Quelques chiffres pour illustrer cette évolution :

- En Europe : en 2040, 33 % de la population aura plus de 60 ans... donc un tiers de la population !
- À Genève : en 2030, 37 000 personnes auront plus de 80 ans (deux fois plus qu'en 2007).
- Une enquête suisse[17] récente annonce pour l'aide informelle (assistance indi-

[16] Aide aux aidants familiaux, actes du colloque romand des 10 et 11 novembre 2003, Pro Senectute, p. 47.

[17] http://www.bfs.admin.ch/bfs/portal/fr/index/themen/20/04/blank/key/freiwilligen-arbeit/informelle.html

viduelle gratuite à des parents ou à des connaissances) 134 millions d'heures de travail annuelles, qui représentent 4,2 milliards de CHF, dix fois plus d'heures que le système formel !

- En France, l'aide de proximité englobe près de 3,5 millions de proches aidants ; 10 millions de personnes se sentent impliquées de près ou de loin par l'aide à l'autre.
- Au Canada, en 2002, on dénombrait 4,2 millions de personnes qui apportaient régulièrement des soins à des personnes âgées. Avec le vieillissement de la population, ce nombre est appelé à augmenter.

La science de la proximologie est très récente et l'entourage commence à réaliser l'importance de son rôle de suppléant face à une perte d'autonomie qui s'accentue régulièrement. De nos jours, des demandes de soutien ou de reconnaissance des compétences commencent à se formuler. Un va-et-vient entre institution hospitalière et domicile est très souvent un chemin scabreux à suivre lors d'une maladie chronique ou invalidante. L'accompagnement

Bon à savoir

Ces proches endosseront désormais un nouveau statut et oseront affirmer qu'ils sont des proches-aidants ou des proches d'une personne âgée. C'est la première étape de reconnaissance pour le travail informel fourni.

continu auprès du patient est donc bénéfique et il sera désormais difficile de conjuguer sans lui.

Ces proches endosseront désormais un nouveau statut et oseront affirmer qu'ils sont des proches aidants ou des proches d'une personne âgée. C'est la première étape de reconnaissance de la part de la société pour le travail informel fourni.

Les besoins et les ressources

Les proches aidants vivent différemment les moments d'aide qu'ils apportent à une personne malade ou âgée. Certains s'enrichissent à travers ce soutien et d'autres deviennent malades à leur tour. Entre ces deux extrêmes, il y a une infinité de vécus différents.

Les besoins exprimés sont donc multiples eux aussi. Il en existe cinq sortes bien distinctes :

- l'information,
- un réseau de proches aidants,
- des moments de répit ;
- une reconnaissance du statut ainsi que du travail effectué,
- diverses ressources.

Le proche aidant se renseigne auprès des professionnels de la santé, mais les **informations** obtenues sont souvent insatisfaisantes. Il n'hésite alors pas à faire des recherches sur internet, mobiliser son réseau social, identifier des associations sur la thématique, partager à travers des blogs. Il devient lui aussi un expert, et certains acculeront les professionnels dans leurs connaissances et rechercheront un partenariat pour accompagner au mieux la personne en souffrance. Le proche aidant demande au corps médical de lui accorder du temps et une communication claire.

Il y a aussi ceux qui ne cherchent pas à savoir, qui se laissent porter par les acteurs des soins. Ils ne comprennent pas ce qui se passe et acceptent qu'il en soit ainsi. Ils subissent les décisions et construisent leur quotidien avec elles.

Le **réseau** est essentiel pour pouvoir exprimer les difficultés vécues. Des partages entre pairs permettent d'échanger trucs et astuces, de se soutenir, de ne pas être seuls à affronter ce genre de situation. Les rencontres ont lieu lors d'une hospitalisation, dans des associations, etc.

Une implication soutenue des pouvoirs publics devrait permettre de construire, de soutenir et de financer ce réseau. Les proches aidants n'ont pas de temps à consacrer à ce milieu associatif car celui-ci est précieux et avant tout octroyé aux malades ou aux personnes âgées. Une fois l'aide terminée, soit ils enchaînent par un autre accompagnement, soit ils souhaitent passer à autre chose, ou alors ils ont besoin de temps pour se reconstruire.

Aujourd’hui, il est encore difficile de construire un réseau. Il existe ça et là des associations qui émergent pour proposer du soutien aux proches, mais elles vivotent faute de moyens.

En Suisse, une proposition intéressante s’est détachée pour instaurer des services à travers un réseau existant : celui des associations de patients. L’idée est judicieuse puisque le proche aidant n’existe pas sans le malade. Espérons que l’idée germera !

Petit à petit, le soutien s’organise sous forme de réseaux par le biais d’internet, des plateformes spécifiques et des sites d’information :

- **www.prochedemalade.com** est un site dédié aux proches aidants. Vous y trouverez une foule d’astuces à propos de « je prends soin de moi » et « j’accompagne un malade ». Des recettes selon le type de maladie sont également proposées, ainsi que des informations sur les aides financières, des liens d’associations, des fiches pratiques sur les

Pour aller plus loin

Petit à petit, le soutien s’organise sous forme de réseaux par le biais d’internet, de plateformes bien spécifiques et de sites d’information.

vacances, la communication, etc. Un seul regret : ce site n'indique que des liens sur les lois et règlements ou associations se trouvant sur le territoire français. En dehors de cette particularité, une mine d'or d'informations et de conseils.

Ce site propose également un journal de bord : à partir d'un calendrier, vous pouvez enregistrer directement tous les rendez-vous importants du malade : programmer ses visites chez les professionnels de santé, organiser ses loisirs ou encore noter les dates importantes de manière à faciliter votre suivi. Le profil du malade est une fiche de renseignements complète qui permettra à tous les intervenants à son domicile d'avoir accès à des informations personnelles le concernant. Le profil vous permet aussi d'enregistrer tous les numéros de téléphone indispensables à votre organisation quotidienne : ses médecins, les urgences, la famille...

Le quotidien d'un proche de malade n'est pas toujours facile. Dans ce journal, vous trouverez un espace qui vous est totalement dédié et dans lequel vous pourrez noter chaque jour vos ressentis, vos émotions ou même les évolutions importantes qui peuvent intervenir dans vos relations avec le malade ou les professionnels de santé.

- **www.aidonsensemble.fr** est un outil en ligne qui facilite la coordination des proches aidants et les aide à s'organiser. Il permet de créer un groupe d'aidants bénévoles facilement mobilisables, de leur indiquer les besoins d'aide dans un agenda en ligne et de les informer par e-mail. Il propose aussi d'autres utilisations très pratiques pour partager des informations ou envoyer des messages par exemple.
Le proche aidant devient ainsi un coordinateur et grâce à cet outil, il dispose d'une plus grande liberté pour demander de l'aide, les autres proches aidants qui entourent la personne souffrante pourront y annoncer leurs disponibilités et autres remarques. C'est un site communautaire en faveur de la solidarité entre les membres de l'entourage.
Il se construit en cinq phases :

  - Je crée un compte personnel.
  - J'invite la famille et les amis à rejoindre le réseau.
  - J'indique dans l'agenda les besoins d'aide.

- Les proches volontaires s'y inscrivent librement pour aider.
- Je peux compter sur mon réseau de solidarité.

C'est une initiative bien sympathique, mais qui demande des compétences en informatique. Deux firmes internationales (Novartis et Nestlé) sont à la base de ces sites et chacune d'elles s'intéresse directement à ce public spécifique qui accompagne la personne souffrante. En France, les premiers outils d'aide en ligne sont donc amenés par des entreprises privées.

❍ **www.aidant.ca** est un site canadien qui inventorie l'aide que peut demander un proche aidant dans son pays. Vous trouverez des guides d'accompagnement pour les aidants en ligne édités par diverses associations.

❍ **www.ranq.qc.ca**, un autre site canadien, s'est donné pour mission d'améliorer la qualité de vie des proches aidants au Québec. Il regroupe les associations, les groupements et les organismes locaux et régionaux qui ont, eux aussi, adopté cette mission. C'est une association faîtière qui représente la voix des aidants naturels au Québec.

❍ **proche-aidant.bleublog.lematin.ch** est un blog créé par l'association des Proches Aidants en Suisse. Il donne des informations et des liens sur des articles et émissions télévisées que vous pouvez revoir. Sympa, vous pouvez y laisser des commentaires !

Les **moments de répits** sont réclamés à cor et à cri par des proches aidants qui n'ont plus de vie sociale, pour éviter de basculer dans le *burnout* de l'aide.

Voici le témoignage d'une personne impliquée dans un tel enchaînement : *« À la retraite, je me suis retrouvée face à un accompagnement d'un proche atteint de la maladie d'Alzheimer, qui nécessite une présence de 24 heures sur 24 heures, sans vacances, et cela dure depuis cinq ans... Au moins, quand je travaillais, je prenais des vacances ! »*

Se ressourcer

Il est donc nécessaire et urgent de proposer des lieux ou le proche peut, en toute confiance, laisser la personne malade ou âgée pour des périodes allant de 15 jours à un mois. Ou pourquoi ne pas faire venir « un remplaçant » à la maison, la personne souffrante restant ainsi dans ses points de repères ? Tout est vraiment à construire.

De plus en plus de petites annonces proposent des services pour s'occuper de personnes âgées ou malades sous le nom de « dames de compagnie ». Ces dames, sans formation aucune, non déclarées, deviennent une ressource non négligeable pour les proches aidants à la recherche de solution de présence ou de répit. Toute la journée ou ponctuellement, une telle aide est appréciée et financièrement possible pour certaines familles. Cependant, un minimum de formation en accompagnement est conseillé pour faire face à des besoins très particuliers.

Les associations Alzheimer tendent à s'organiser pour proposer ce genre d'aide, y compris des foyers d'accueil de jour. Pour les autres pathologies, c'est souvent la galère pour trouver quelqu'un, d'autant plus si les moyens financiers sont insuffisants.

Un autre élément, essentiel au niveau de la **reconnaissance,** tend à se mettre en place tout doucement. Les médias ne se bousculent pas pour faire passer des messages sur cette problématique. Ici et là, quelques émissions de télévision font place à des témoignages de proches aidants, tels que ce reportage sur les parents d'un enfant cancéreux qui avancent le peu de moyens à disposition, y compris celui de trouver un arrangement avec leur employeur pour accompagner l'enfant aux séances de chimiothérapie. Ou l'émission à propos de l'aide aux personnes âgées qui décrit les surcharges considérables à ce niveau-là. Un journaliste a même intitulé son article « Les travailleurs de l'ombre » pour aborder cette thématique. Bien vu !

Dans des lois à propos de la santé, la famille, les proches de malade, l'entourage et les proches aidants sont de plus en plus souvent cités. Désormais, on a besoin d'eux pour que le système fonctionne, non seulement pour les mettre à contribution, mais aussi pour leur proposer des ressources.

Diverses ressources, telles que des dédommagements financiers, des déductions d'impôts, des animations (lecture ou musique), des étudiants rétribués pour visiter une personne malade ou âgée, l'organisation d'anniversaires dans les maisons de retraite, des ordinateurs pour les enfants hospitalisés, des vacances organisées pour les proches aidants et les personnes souffrantes, etc. sont réclamées pour améliorer le quotidien.

ATTENTION

Il manque des lignes d'écoute dédiées aux proches-aidants pour les diriger au bon endroit par rapport à leur demande.

Des solutions se mettent en place par le biais associatif, communal, cantonal, départemental, mais le plus difficile est de les identifier. Il manque des lignes d'écoute dédiées aux proches aidants pour les diriger au bon endroit par rapport à leur demande. N'hésitez pas à vous renseigner auprès des assistantes sociales et des mairies près de chez vous.

Des « **cafés des aidants** » se créent également ici et là. Ce sont des lieux où chacun peut exprimer son vécu. On voit aussi apparaître, dans des associations de patients, des moments de partage pour les proches aidants. On « bricole » sur le terrain faute de moyens financiers. Le réseau est actuellement encore pauvre et tout est à construire.

Se divertir

À travers les **fêtes des voisins** et leurs succès grandissants, ne pourrait-on pas organiser un geste de solidarité pour les personnes malades et/ou âgées ? Plusieurs pistes sont possibles, par exemple un bouquet de fleurs avec une carte, un paquet de friandises, un bon pour un coup de pouce de la part des voisins... ; c'est l'occasion de tisser des liens d'entraide et de construire un réseau social pour des personnes en situation d'isolement et de précarité ou en lien avec la maladie ou le vieillissement.

Stressé, le proche aidant a besoin de faire face à une qualité de vie remise en question par le temps consacré à l'accompagnement. La gestion de ses émotions est essentielle car l'excès de sentiments négatifs détériore la qualité de l'aide. Apprendre à gérer son stress est un facteur primordial du « prendre soin de l'autre » ! Des centres de médecine alternative proposent des formations pour apprendre les gestes de libération du stress, passer d'une perception négative à une perception positive tout en gérant son stress, entre autres par le mouvement[18].

Les massages des pieds, des mains, du corps sont également des gestes de bien-être inestimables. Un moment de répit pourrait être l'occasion de se faire du bien à tous. Il existe des masseurs qui se déplacent à domicile. Ils pourraient ainsi offrir leurs prestations aussi bien au proche aidant qu'à la personne âgée ou malade pour un moment de bien-être général. Renseignez-vous auprès de ces centres et voyez les possibilités offertes.

ATTENTION

Apprendre à gérer son stress est un facteur primordial du « prendre soin de l'autre » !

[18] www.esclarmonde.com/

Les relations humaines

Le petit plus

Dans une relation saine, chaque partie est responsable à 50 % de ce lien et chacune doit y contribuer pour qu'elle fonctionne.

Nos relations sont constituées de partages, d'échanges, de dialogues, de conseils, d'amour, de contradictions entre deux ou plusieurs individus. Entre la personne en souffrance et le proche aidant, la relation dans le temps peut se péjorer suite à une lassitude de l'accompagnement et une vision différente sur la vie. Avec les années, une maturation psychologique se construit autant pour la personne qui aide que pour celle qui est malade ou âgée, et chacune peut emprunter un chemin différent.

Dans une relation saine, chaque partie est responsable à 50 % de ce lien et chacune doit y contribuer pour qu'elle fonctionne.

Le **deuil blanc** est l'une des explications utiles pour comprendre les difficultés relationnelles. Le Dr Italo Simeone, médecin psychiatre à Genève, a développé ce concept du deuil blanc pour l'entourage des malades Alzheimer et valide son élargissement aux proches de malades chroniques. C'est un deuil vécu sans perte physique, mais avec une interruption de la relation verbale et de la possibilité de communiquer pleinement avec la personne atteinte dans son cerveau.

À l'occasion d'une conférence, Rosette Poletti[19] en parle ainsi : *« L'entourage est appelé à faire de nombreux deuils, dont le deuil de la relation qui existait avant la maladie, le deuil du rôle, le deuil de la normalité, le deuil de la prédictibilité et la perte du sens. »*

Le deuil blanc comprend six étapes qui en constituent le processus et se trouvent en lien étroit avec celles du deuil traditionnel :

1 • Choc
2 • Déni
3 • Protestation et colère
4 • Tristesse, chagrin et peur
5 • Acceptation
6 • Reconstruction

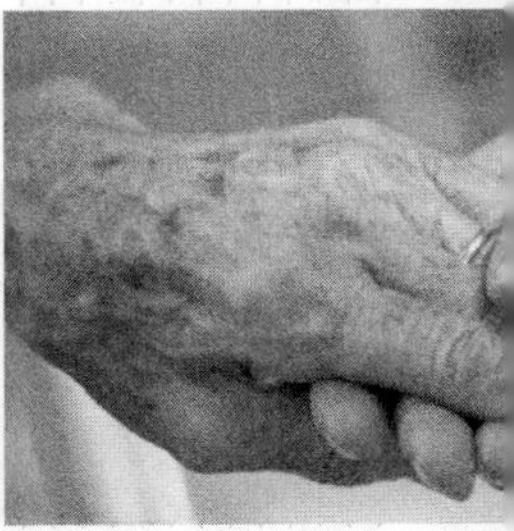

[19] Infirmière, spécialiste en accompagnement de personnes en difficulté (fin de vie, deuil, crises), chroniqueuse au journal *Le Matin* et auteur de nombreux livres aux éditions Jouvence. Elle a également écrit la préface de cet ouvrage.

Les échanges entre les professionnels et les proches se trouvant dans les trois premières étapes du deuil blanc sont difficiles et conflictuels par méconnaissance du vécu de l'entourage. Un proche qui traverse l'étape de la colère échangera ses propos d'une manière beaucoup plus virulente que celui qui se trouve dans l'acceptation.

Un professionnel de la santé qui aide un proche aidant identifiera ces étapes et les échanges difficiles éclairés par le deuil blanc lui permettront de se mettre plus facilement au niveau du proche et d'adapter la communication au stade où il se trouve.

Plus l'entourage avancera dans le processus du deuil blanc, plus les difficultés relationnelles s'atténueront au profit d'une rencontre équilibrée autour du patient.

Bon à savoir

Plus l'entourage avancera dans le processus du deuil blanc, plus les difficultés relationnelles s'atténueront au profit d'une rencontre équilibrée autour du patient.

Un trouble psychique, des pertes de mémoire, une énergie vitale déficiente... viennent troubler une relation saine. Le proche aidant se charge alors d'entretenir le lien pour que le dialogue reste possible. Il y investira beaucoup d'énergie et, par exemple après une visite à l'hôpital, il peut ressentir une certaine fatigue ou lassitude. Car entretenir une relation où l'autre ne répond plus demande de la volonté. Cette relation peut même se réduire à un monologue pour l'aidant et son amour peut s'effilocher dans le temps car il n'est alors plus entretenu par l'autre.

La maladie aggrave les difficultés de la communication autant dans le domaine des émotions que de l'échange d'informations concernant le diagnostic, le pronostic, le processus des soins. Une forme de « conspiration du silence » semble s'établir et s'installer progressivement, aggravant encore l'isolement du malade dans ses craintes de la mort[20]. La dissimulation des sentiments pour protéger l'autre à l'intérieur de la famille est habituelle.

L'agressivité est plus connue des professionnels que des proches et ils sont aussi mieux équipés pour y faire face. L'entourage est démuni ; il ne reconnaît plus la personne aimée et perd ses points de repères dans l'échange.

Au début, il n'ose pas cadrer et demander du respect car la personne souffre. C'est en l'excusant qu'il arrive à entendre des propos déplacés, qu'il ne pensait pas

[20] Marie-Odile Goubier-Boula, *Vie familiale et événements*, Éd. LEP, 1994, p. 78.

entendre un jour de la bouche de cette personne. Il mettra alors beaucoup d'huile dans les rouages de la relation pour qu'elle puisse continuer à fonctionner.

Conclusion: Sacré travail sur soi de la part de l'entourage pour pouvoir continuer à tisser un lien avec une personne en souffrance, enfoncée dans une réalité bien à elle. C'est la rencontre de deux visions du monde complètement différentes qui peuvent, avec le temps, colorer de contrainte l'aide donnée, même si elle vient du fond du cœur. Pas facile le job du proche-aidant, d'autant plus s'il est informel !

4 • Réflexions et outils pour aider

Accompagner
Codépendance
S'enrichir

« Chaque âge, chaque état de la vie a sa perfection convenable, sa sorte de maturité qui lui est propre. »

Jean-Jacques Rousseau

Les professionnels des soins

Petite annonce systémique

Système en souffrance cherche à rencontrer système soignant. Besoin d'être accompagné pour avancer et évoluer face à de nombreuses difficultés. Soutien et attention bienvenus. Pas sérieux s'abstenir.

L'expérience montre combien le milieu familial peut avoir une répercussion bénéfique sur le patient quand les proches réussissent à trouver le juste équilibre par leur aide et en faisant preuve d'une empathie positive. La contribution de l'entourage est donc essentielle dans un projet de soins et une place doit lui être attribuée, en pondération avec les professionnels impliqués. Les proches jouent un rôle significatif sur la santé et les soins d'un patient puisque leur implication dans le suivi à long terme est inéluctable.

Le professeur Jean-Philippe Assal le relève d'ailleurs dans son livre[21] : « *Dans une situation aiguë, la famille est à informer de l'état du patient. En revanche, dans une affection chronique, il est nécessaire de former la famille et l'entourage proche afin qu'ils collaborent à la gestion du traitement.* »

Le proche veut se sentir utile et son rôle en tant que visiteur dans une institution (hôpital, clinique, maison de retraite) ou à domicile s'élargit, se colore de tâches différentes auprès du patient, par exemple :

Stimuler, instaurer un confort maximum, être à l'affût de signes non verbaux, se soucier de l'image corporelle (habillement, maquillage, rasage), créer des moments d'intimité, favoriser des activités extra-hospitalières, maintenir le lien avec l'extérieur, donner de la tendresse et de l'amour, soutenir psychologiquement, pallier une perte d'autonomie, représenter le fil rouge dans l'évolution de la maladie, etc.

[21] Lacroix A. et Assal J.-P., *L'éducation thérapeutique du patient*, Éd. Vigot, 1998, p. 71.

Ces charges sont complémentaires à celles apportées par les professionnels des soins et la personne souffrante en profite. On mesure l'importance psychologique sur le physique et le bien-être du malade ou de la personne âgée; il influence largement le processus de la maladie, voire de la guérison. Le rôle des proches peut multiplier cet état indispensable à la réussite d'un projet thérapeutique.

Les divers protagonistes sont prêts à tout mettre en œuvre pour que le patient se sente mieux:

- Les professionnels des soins, avec leurs actes techniques et leurs aptitudes professionnelles.
- Les proches, avec leurs compétences individuelles et leurs connaissances du patient.

Le patient a besoin de toutes les personnes qui peuvent le soutenir dans ses souffrances et pertes d'autonomie, physiques et/ou psychologiques. Une présence équitable des différents acteurs impliqués dans sa demande d'aide lui permettra de puiser là où il en a besoin et au moment où il en a besoin. Une complémentarité est de mise car les professionnels ont peu accès à la sphère privée et les proches ont peu d'accès à la technicité. Chacun a donc un rôle primordial à jouer.

Le petit plus

Une complémentarité est de mise car les professionnels ont peu accès à la sphère privée et les proches ont peu d'accès à la technicité. Chacun a donc un rôle primordial à jouer.

Pour répondre aux questions telles que : « Comment mettre en place des mesures de soins équilibrées ? » « Qui former pour privilégier les liens entre professionnels et proches ? », l'éducation à l'accompagnement pour les proches est fortement recommandée. Celle-ci opérera un changement au sein de l'entourage, qui se répercutera sur les échanges entre professionnels et proches, et il en résultera un élargissement des compétences auprès du patient.

Pour introduire progressivement une démarche de proximologie en institution, il est nécessaire de former les professionnels à cette spécialité et de créer des groupes de proches. Un *vade-mecum* de proximologie, appelé Loléa©, à l'usage des professionnels et des proches a été élaboré en tenant compte des besoins des proches. Il constitue un repère intéressant pour les deux parties en relation dans un entretien de proximologie. Un programme de pondération autour d'un patient atteint d'une maladie chronique sera instauré au fil du temps et de la reconnaissance des compétences de l'entourage par les professionnels.

Pour aller plus loin

N'hésitez pas à utiliser ce vade-mecum, il sera un outil fort appréciable lors de vos échanges avec les professionnels des soins.

Vade-mecum Loléa[22]

- **Écouter** l'expérience personnelle des proches concernant la maladie du patient.
- **Donner** des compléments d'informations de la maladie en cas de nécessité.
- **Utiliser** des mots simples et en vérifier la compréhension.
- **Exprimer** les expériences de médication, de posologie et les habitudes connues des proches.
- **Identifier** les étapes du prédeuil et se positionner là où se trouve le proche.
- **Reconnaître** les souffrances et les difficultés des acteurs autour du patient.
- **Oser** être vrai dans la relation.
- **Découvrir** les compétences et les ressources des proches.
- **Établir** un rapport de confiance de part et d'autre.
- **Se** montrer disponible pour de futurs échanges.

[22] Ce vade-mecum a été développé dans le cadre d'un projet de recherche soutenu par la Ligue Genevoise contre le Cancer.

Échanger

Quelques professionnels des soins se sensibilisent aujourd'hui à la modification du rôle de l'entourage et à la charge qu'un patient représente dans le quotidien. L'approche de la maladie chronique est en pleine évolution, et des formateurs enseignent aux professionnels cette nouvelle dimension. Le monde médical change et l'entourage revendique ; la naissance d'un nouveau paradigme est en cours !

L'éducation thérapeutique aboutit à une relation personnalisée avec le patient et l'impact des proches est une évidence. La proximologie est l'outil de prédilection incontestable au niveau de cette formation. De même, les établissements médicaux sociaux, les institutions hospitalières et les maisons de retraite enrichissent régulièrement leurs images et leurs rôles bénéfiques sur le patient et son entourage par le développement de la proximologie.

Il existe une dichotomie entre les représentations que les professionnels se font de la prise en charge de l'entourage et du vécu qui en résulte. Le terrain sur lequel les échanges se font a toute son importance car les situations, souvent complexes, sont source de conflit dans la communication. Les professionnels assurent les proches de leur maîtrise de partenariat alors que ces derniers se plaignent bien souvent de ne pas être écoutés et compris.

Des trois terrains bien distincts – l'hôpital, la maison de retraite et les soins à domicile – découle une prise en charge différente des proches aidants dans le projet de soin.

À **l'hôpital**, les professionnels des soins font de leur mieux pour communiquer avec les proches aidants. Cependant, les récessions budgétaires et la charge de travail toujours plus accrue n'aident pas vraiment le personnel à consacrer beaucoup de temps au dialogue. Chaque minute accordée à la communication l'est au détriment du temps accordé au patient. Cet investissement est donc prélevé au niveau informel ; il n'est pas quantifié dans la charge de travail et n'apparaît pas dans le cahier des charges.

En outre, la hiérarchie très marquée dans les institutions hospitalières filtre les informations : les médecins donneront les renseignements en lien avec la maladie et les infirmières seront souvent en charge de transmettre des informations plus générales concernant le patient. Le territoire appartient au professionnel de la santé.

De plus, il existe la confidentialité des informations liées au patient. Tant que celui-ci a la capacité de discernement, c'est lui l'interlocuteur principal. Les conflits de communication avec les proches aidants se présentent souvent lors d'accompagnements à long terme. Toutefois, leur investissement auprès du patient leur donne le droit de demander un partenariat pour avancer avec lui dans sa trajectoire de maladie.

Dans les **maisons de retraite,** lieux de vie pour les personnes âgées, les professionnels des soins montrent plus de souplesse pour partager et dialoguer. Ils ont même besoin de l'entourage, et de plus en plus d'institutions organisent des entretiens avec les proches aidants. Ceux-ci sont conviés lors de l'admission en maison de retraite et considérés comme des partenaires pour faire évoluer une histoire de vie déjà bien entamée ! Les décisions sont prises conjointement en cas de mémoire défaillante et de discernement qui s'amenuise au fil du temps. C'est un partage de territoire entre la personne âgée, le personnel médical et l'entourage.

Transmettre

Les **soins à domicile** sont dispensés par des professionnels de santé. Étant présents ponctuellement dans la journée, ils ont besoin des proches aidants pour maintenir la personne malade ou âgée à domicile. Des carnets de suivi sont utilisés pour que chacun puisse y inscrire ses observations et messages importants à communiquer aux autres intervenants. Régulièrement, on fait le point avec l'entourage pour adapter les prestations si nécessaire. Le territoire appartient à la personne malade ou âgée et les professionnels viennent y faire des apparitions ponctuelles.

Le territoire sur lequel la communication a lieu donne le son : ou elle est rigide ou elle est souple. Il incombe à l'entourage de valoriser ses compétences relationnelles pour que le partage se passe au mieux. Il peut aussi demander à être entendu en fixant un rendez-vous formel entièrement consacré à cette prestation.

De nos jours, des services de médiations en santé se mettent aussi en place ; utilisez-les pour clarifier une situation, vous faire entendre et « huiler » les relations avec le personnel médical.

Le schéma ci-contre montre bien la complexité des interrelations entre les trois acteurs d'un projet de soin.

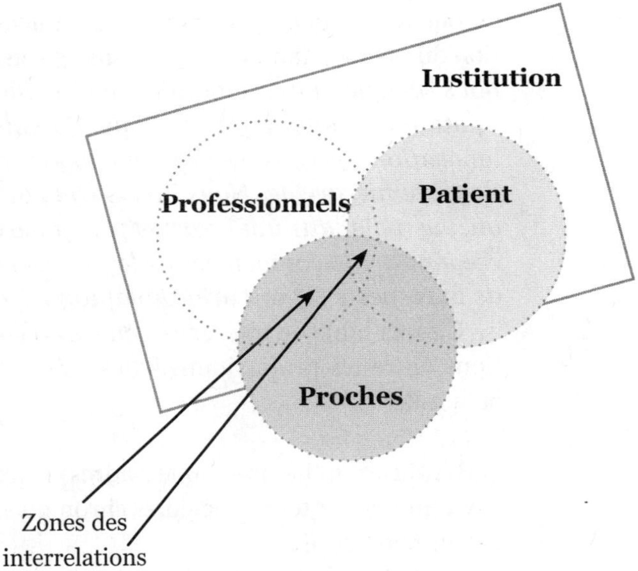

Avec leur livre *L'infirmière et la famille*, les infirmières Lorraine M. Wright et Maureen Leahey invitent les professionnels à s'investir davantage dans la communication. Elles y décrivent les étapes de l'entrevue avec la famille et les habiletés nécessaires pour la réaliser, la préparer et la conduire, avec parfois un temps limité de 15 minutes seulement ! Elles proposent également un modèle de Calgary qui consiste en une évaluation de la famille autour du patient ainsi que l'identification du système familiale. « *Depuis 15 ans, nous privilégions l'établissement d'une relation davantage marquée par la collaboration, les consultations et l'abolition de toute hiérarchie. Nous avons constaté qu'une telle attitude permet de mieux reconnaître la compétence de la famille et de la respecter et admirer davantage.*[23] »

C'est la bible de référence pour les relations entre les professionnels des soins et la famille.

L'éducation thérapeutique s'adresse aux personnes atteintes de maladies chroniques et leur entourage.

L'OMS en donne la définition suivante : « *L'éducation thérapeutique du patient devrait permettre aux patients d'acquérir et de conserver les capacités et compétences qui les aident à vivre de manière optimale avec leur maladie... L'éducation implique des activités organisées de sensibilisation, d'information, d'apprentissage et d'autogestion et de soutien psychologique concernant la maladie,*

Pour aller plus loin

L'infirmière et la famille est « la bible de référence » pour les relations entre les professionnels des soins et la famille.

[23] *L'infirmière et la famille,* Savoirs et santé, Éd. De Boeck, 2001, p. 5.

le traitement prescrit, les soins, le cadre hospitalier et de soins, les informations organisationnelles et les comportements de santé et de maladie. Elle vise à aider les patients et leur famille (et/ou entourage) à comprendre la maladie et le traitement, coopérer avec les soignants, vivre plus sainement et maintenir ou améliorer leur qualité de vie. »

Belle définition de partenariat et d'accompagnement autour du patient face aux difficultés de trajectoire de maladie.

La médecine actuelle affronte de grands bouleversements face aux malades chroniques, qui représentent aujourd'hui la majorité des consultations. Des nouvelles pratiques s'instaurent parce que ces maladies impliquent un changement de comportement chez les patients. L'éducation thérapeutique propose des pistes pour l'accompagnement des malades qui peuvent alors apprendre à changer pour améliorer leur état de santé. Les soignants développent des nouvelles compétences et deviennent soignants-éducateurs dans une relation qui se veut respectueuse de la personne : *une médecine humaniste*

L'accompagnement

S'aimer

« Accompagner l'autre, c'est faire un bout de chemin avec lui vers "quelque chose", ce bout de chemin se construit en marchant et ce "quelque chose" s'invente en se faisant.[24] »

La recette pour pratiquer un accompagnement demande des ingrédients particuliers, comme la sensibilité, une juste distance, le don de soi, de la patience, un brin d'humour, du temps, de l'empathie et de la sollicitude.

Le dictionnaire Le Littré donne la définition suivante de la sollicitude : *« soin plein de souci »* ou *« soin plein d'affection »* ; c'est un soin attentif, affectueux, constant, prodigué envers une personne.

Dans une note à propos des soins au malade, Paul Valéry évoque l'idée que la sollicitude est la politesse élevée jusqu'à la poésie : *« Une précision confiante. Une sorte d'élégance dans les actes, une présence et une légèreté, une prévision et*

[24] Beauvais M., « Des principes éthiques pour une philosophie de l'accompagnement », *Savoirs* n° 6, 2004, pp. 99-109, 102.

une sorte de perception très éveillée qui observe les moindres signes. C'est une sorte d'œuvre, de poème, que la sollicitude intelligente compose.[25] »

Les compétences d'aide sont déterminées par la capacité d'effectuer des actes par l'entourage pour augmenter le confort du patient et l'aider à gérer au mieux sa maladie. C'est une expérience d'accompagnement à long terme, enrichie d'une adaptation continue face à l'évolution de la maladie.

Jusqu'à présent, le nombre des proches aidantes a toujours été supérieur, mais les hommes deviennent des accompagnateurs hors pair face à la maladie d'une compagne, d'un enfant ou d'une maman. Ils découvrent des ressources insoupçonnées, telles que la sensibilité et la sollicitude, et s'engagent à fond dans le processus d'aide.

ATTENTION

La grande difficulté de l'accompagnement est de trouver la juste distance pour être proche sans se faire engloutir et ne pas non plus être trop éloigné car il manquerait alors de la chaleur à cette présence.

La grande difficulté de l'accompagnement est de trouver la juste distance pour être proche sans se faire engloutir et ne pas

[25] Paul Valéry, *Œuvres - Mélange,* Bibliothèque de la Pléiade, Éd. Gallimard, 1957, p. 322.

non plus être trop éloigné car il manquerait alors de la chaleur à cette présence.

Ses outils sont ceux de la relation d'aide : écoute active, empathie, non-jugement, authenticité, juste distance. C'est en les pratiquants régulièrement que l'on maîtrisera les techniques de l'accompagnement.

La particularité de cette thématique de l'aide à la personne malade et/ou âgée est que l'accompagnateur a également besoin d'être accompagné. Un réseau d'aide positionné en deuxième ligne par rapport au patient est donc nécessaire pour que le tout fonctionne.

Trucs et astuces

Les outils de l'accompagnement sont ceux de la relation d'aide: écoute active, empathie, non-jugement, authenticité, juste distance. C'est en les pratiquants régulièrement que l'on maîtrisera les techniques de l'accompagnement.

Toutes les difficultés et/ou joies demandent à être partagées. Un progrès, comme un simple mot prononcé par une personne atteinte d'un accident vasculaire cérébrale (AVC) ayant perdu la parole, ou une chute d'une personne âgée venant d'être opérée de la hanche, ne laisse pas le proche aidant sans émotions. Partager ses expériences avec un ami, une voisine ou encore un collègue de travail permettra aux émotions de se réguler. Ces trois personnes appartenant à des réseaux sociaux différents font partie du réseau d'aide de seconde ligne pour le proche aidant.

La codépendance

La codépendance est rusée car elle s'installe insidieusement dans le temps. Au fur et à mesure que les personnes en souffrance perdent le lien à l'autre et se cloîtrent dans un processus de désocialisation, le proche aidant qui s'en occupe suivra le même parcours. La charge de l'aide qui s'intensifie de plus en plus ne favorise hélas pas les possibilités de ressources externes. Même un simple rendez-vous chez le coiffeur peut devenir un exploit.

L'exigence de présence de la personne malade ou âgée et le refus d'accepter un tiers de remplacement, même pour un court moment, peuvent culpabiliser le proche aidant. Il devient alors prisonnier d'un système. Son histoire de vie de personne saine est prise en otage par une histoire de vie de personne malade.

Les caractéristiques de la codépendance sont les suivantes :

- ❒ Avez-vous de la difficulté à dire non ?
- ❒ Ressentez-vous du rejet à la suite d'un refus ?

- ❒ Vous sentez-vous incapable de fixer vos limites en certaines circonstances ?
- ❒ Éprouvez-vous des peurs face à l'autorité de la personne souffrante ?
- ❒ Vous sentez-vous au service du malade ?
- ❒ Vous sentez-vous souvent coupable sans savoir pourquoi ?
- ❒ Avez-vous peur de la colère de la personne que vous aidez au point de faire n'importe quoi pour éviter les affrontements ?
- ❒ Est-ce plus facile pour vous d'endurer les exigences abusives que de tenter de les régler ?
- ❒ Avez-vous de la difficulté à exprimer vos besoins et vos désirs ?

En cas de réponses positives à ces questions, il y a de grandes chances qu'une relation de codépendance se soit installée.

Le proche aidant codépendant est celui qui s'est laissé affecter par le comportement d'un autre individu en souffrance qui se fait une obsession de vouloir le contrôler, l'aider et le sauver. Ce fait est d'autant plus marqué si cette personne malade ou âgée est en perte d'autonomie.

Le proche aidant d'une personne atteinte psychiquement est plus enclin à vivre une relation de codépendance de par le peu d'aide reçue. Souvent, les histoires de vie sont tellement entremêlées que le malade vit comme par procuration, au travers de la vie de l'autre. C'est alors une réelle dépendance, qu'elle soit d'ordre affectif, financier ou tout bonnement vital ! Puis, avec le temps, elle se transforme pour devenir une codépendance. Les attentes des proches vivant ces situations sont tellement importantes que le domaine médical peine à trouver des solutions adéquates pour tous.

Que faire ?

Une aide externe (parlez-en à un professionnel des soins) est indispensable pour pouvoir rebondir et tenter de retrouver des relations normales. Le chemin est difficile, parsemé de sentiments de culpabilité, de honte, de doute ; bref, la reconstruction d'une relation saine demandera du temps et la mise en place d'intervenants externes.

L'enrichissement

Tout accompagnement a une fin et se termine bien souvent par la mort. Après le décès de la personne, il ne tient qu'à nous de découvrir le cadeau que cette relation nous a offert.

Après chaque accompagnement, il est essentiel que le proche aidant se reconstruise et s'accorde du temps, car l'énergie investie est souvent considérable. Lorsqu'il commence à se raconter, à écrire l'histoire de sa vie de personne qui aide et qui souffre, il en ressort grandi.

Apaiser

De nombreux témoignages de proches aidants me parviennent à l'issue d'accompagnements de longue haleine qui se sont terminés par la perte de la personne malade ou âgée. Il est fréquent qu'ils se culpabilisent de ne pas « avoir assez soufferts ». Étrange réaction, qui trouve sa source dans le processus du prédeuil. Celui-ci se met en place pendant le temps de l'accompagnement, facilite la reconstruction et accélère l'élaboration des souvenirs positifs. La période de deuil et les sentiments de tristesse qui lui sont liés sont alors vécus plus facilement.

L'enrichissement est apporté par le changement du regard que le proche aidant pose sur la vie. Plus de distance, moins d'angoisses, une prise de décision sur le moment, moins d'anticipations, la création et l'appréciation de bons moments, la découverte de belles choses au quotidien..., c'est appréhender la vie sous un autre angle et ne pas se faire rattraper par le quotidien.

Après des accompagnements longs, les proches de ces aidants (aidants de seconde ligne) sont souvent étonnés de voir des transformations radicales dans leurs comportements ; ils sont alors plus attentifs aux moments de plaisir, capables de provoquer des événements bénéfiques et de se réjouir des petites choses du quotidien : un coucher de soleil merveilleux, un repas ou un bon verre entre amis, une musique harmonieuse... Elles ne courent plus après le « Bonheur », mais se contentent de capitaliser des instants de joie, comme s'il existait une épargne de bien-être à mobiliser lors des temps difficiles dus à la maladie ou à l'âge.

Bon à savoir

La résilience, ou l'art de rebondir de et de surmonter les épreuves de la vie, fait partie de cet enrichissement que l'entourage peut trouver lors d'un accompagnement.

La résilience, ou l'art de rebondir de et de surmonter les épreuves de la vie, fait partie de cet enrichissement que l'entourage peut trouver lors d'un accompagnement. Boris

Cyrulnik[26] en donne, entre autres, une image très poétique : *« L'art de naviguer dans les torrents. »* Belle métaphore pour illustrer les proches aidants qui s'en sortent ou ceux qui en resteront marqués au fer rouge à vie.

Le petit plus

Il y a chez ces personnes une sorte de sérénité, de devoir accompli ; une partie d'histoire de vie bouclée qui produit une lueur dans leurs yeux lorsqu'on en reparle.

Les accompagnements qui durent dans le temps font partie de ces parcours tumultueux qui mobilisent la confiance enfouie en chacun de nous !

Identifiez autour de vous les personnes qui ont traversé les épreuves de proche aidant lourdes et le difficile passage du deuil de la santé de la personne malade et/ou âgée dont ils avaient pris soin. Vous serez sans doute surpris des réponses et de l'aura que ces personnes dégagent. Il y a une sorte de sérénité, de devoir accompli ; une partie d'histoire de vie bouclée qui produit une lueur dans leurs yeux lorsque l'on en reparle. C'est ça, l'enrichissement !

Mes mentors ont été des femmes ayant perdu des enfants... ouah, quelle constance et quel port de tête ! Pas toutes, mais celles qui ont pu en faire quelque chose et s'en enrichir sont très vite repérées.

---

[26] Boris Cyrulnick, Michel Delage, *Famille et résilience,* 2010, Éd. Odile Jacob.

Conclusion

L'histoire de l'accompagnement d'une personne dans la maladie ou l'avancée en âge est construite avec les ingrédients suivants : de l'aide, de l'amour, des déceptions, des difficultés, de la complicité et des expériences qui, tous, se transformeront un jour en de souvenirs merveilleux.

À un moment que vous ne choisissez pas, suite à une visite à domicile ou à un covoiturage chez un médecin, vous allez coiffer la casquette de proche aidant sans le savoir. C'est souvent une plainte de l'autre face à une douleur physique ou à la solitude qui sera le déclencheur de cette nouvelle identité.

Interpellé, vous intensifierez petit à petit vos visites pour suivre une éventuelle évolution de la situation. Des besoins seront identifiés, votre empathie ou votre amour pour l'autre sera l'élément déclencheur d'une proposition d'aide. C'est par des petits coups de pouce que l'histoire de l'accompagnement débutera : boire le café ensemble, sortir les poubelles, faire quelques courses, écouter les difficultés que rencontre la personne, etc. Il est inévitable de s'investir de plus en plus dans l'aide avec le temps qui passe. C'est d'ailleurs une relation qui évolue et d'autres liens se tissent dans la durée.

L'affection et la tendresse feront leur apparition et s'infiltreront dans le lot des émotions à vivre. Autrement, vous n'êtes pas un proche aidant !

Et l'histoire marquera votre trajectoire de proche aidant. C'est une empreinte ineffaçable qui s'inscrira dans votre vie, qui ne pourra être lue que par vous ; avec le temps, vous en réaménagerez d'ailleurs certaines interprétations.

À la relecture de vos notes ou de votre vécu, les moments difficiles se teinteront pour devenir des pastels, puis des sourires. La résilience fera son travail pour atténuer l'empreinte et être prêt à vous relancer dans une autre relation d'aide, avec une autre personne et une autre histoire à vivre.

Ou bien, l'empreinte sera une blessure plus profonde, plus longue à se transformer en énergie positive et seuls les mois, voire les années qui passent, réussiront à panser, puis à cicatriser vos blessures.

Aider un enfant malade, une personne mure ou âgée pour acquérir des compétences d'accompagnement est une belle expérience enrichissante. Je ne peux que vous encourager de vous y lancer ; vous en sortirez transformé !

Certains évoquent la possibilité d'un carnet certifiant les heures offertes à l'autre pour en profiter plus tard, une sorte d'épargne pour la vieillesse, pourquoi pas ? D'autres réclament une reconnaissance pour l'inscrire dans un *curriculum vitae.*

Tout est vraiment à inventer ; laissez donc libre cours à votre imagination !

Un blog a été créé pour recueillir vos commentaires sur ce livre, identifier de nouveaux besoins et raconter vos succès et échecs d'accompagnement de proche aidant. Rejoignez-nous !

http://lesprochesaidants.blog.tdg.ch/

Je vous souhaite à toutes et à tous un merveilleux temps d'accompagnement et beaucoup d'amour et de joie !

Pour aller plus loin

Aider un enfant malade, une personne mure ou âgée pour acquérir des compétences d'accompagnement est une belle expérience enrichissante. Je ne peux que vous encourager de vous y lancer ; vous en sortirez transformé !

Crédits photos :

Dessin de Jean Augagneur p. 5, 34, 48, 67, 78, 113

Fotolia.com
p. 15, 65 © Andrejs Pidjass – p. 16, 91 © Openlens – p. 21 © Iceteastock – p. 24 © Aix – p. 29, 43, 62, 68 © Auremar – p. 32 © Dotshock – p. 36 © Pinkshot – p. 39 © Julie Legrand – p. 44 © Gina Sanders – p. 47, 114 © Michel Pariente – p. 55, 103 © Alexander Raths – p. 61, 73, 80 © Yuri Arcurs – p. 85 © Monkey Business – p. 88 © MWeber67 – p. 95 © Nikolai Sorokin – p. 101 © Gilles Lougassi – p. 108 © Franz Pfluegl – p. 120 © Paulus Rusyanto

Test

Échelle de pénibilité de Zarit[27]

Ce test reflète la surcharge de travail et ses répercussions sur l'état d'esprit d'une personne prenant soin d'un parent

À quelle fréquence vous arrive-t-il de :	Jamais	Rarement	Quelquefois	Assez souvent	Presque toujours
1 • Sentir que votre parent vous demande plus d'aide qu'il n'en a besoin ?	❒	❒	❒	❒	❒
2 • Sentir que le temps consacré à votre parent ne vous en laisse pas assez pour vous ?	❒	❒	❒	❒	❒
3 • Vous sentir tiraillé entre les soins à votre parent et vos autres responsabilités familiales ou professionnelles ?	❒	❒	❒	❒	❒
4 • Vous sentir embarrassé par les comportements de votre parent ?	❒	❒	❒	❒	❒
5 • Vous sentir en colère quand vous êtes en présence de votre parent ?	❒	❒	❒	❒	❒
6 • Sentir que votre parent nuit à vos relations avec d'autres membres de la famille ?	❒	❒	❒	❒	❒
7 • Avoir peur de ce que l'avenir réserve à votre parent ?	❒	❒	❒	❒	❒
8 • Sentir que votre parent est dépendant de vous ?	❒	❒	❒	❒	❒

9 • *Vous sentir tendu en présence de votre parent ?*	❐	❐	❐	❐	❐
10 • *Sentir que votre santé s'est détériorée à cause de votre implication auprès de votre parent ?*	❐	❐	❐	❐	❐
11 • *Sentir que vous n'avez pas autant d'intimité que vous aimeriez à cause de votre parent ?*	❐	❐	❐	❐	❐
12 • *Sentir que votre vie sociale s'est détériorée du fait que vous prenez soin de votre parent ?*	❐	❐	❐	❐	❐
13 • *Vous sentir mal à l'aise de recevoir des amis à cause de votre parent ?*	❐	❐	❐	❐	❐
14 • *Sentir que votre parent semble s'attendre à ce que vous preniez soin de lui comme si vous étiez la seule personne sur qui il puisse compter ?*	❐	❐	❐	❐	❐
15 • *Sentir que vous n'avez pas assez d'argent pour prendre soin de votre parent encore longtemps compte tenu de vos autres dépenses ?*	❐	❐	❐	❐	❐
16 • *Sentir que vous ne serez plus capable de prendre soin de votre parent encore bien longtemps ?*	❐	❐	❐	❐	❐
17 • *Sentir que vous avez perdu le contrôle de votre vie depuis la maladie de votre parent ?*	❐	❐	❐	❐	❐
18 • *Souhaiter pouvoir laisser le soin de votre parent à quelqu'un d'autre ?*	❐	❐	❐	❐	❐
19 • *Sentir que vous ne savez pas trop quoi faire pour votre parent ?*	❐	❐	❐	❐	❐

20 • Sentir que vous devriez en faire plus pour votre parent ?	❐	❐	❐	❐	❐
21 • Sentir que vous pourriez donner de meilleurs soins à votre parent ?	❐	❐	❐	❐	❐
22 • En fin de compte, à quelle fréquence vous arrive-t-il de sentir que les soins à votre parent sont une charge, un fardeau ?	❐	❐	❐	❐	❐
TOTAL					

Valeurs des points selon les réponses :

0 Jamais
1 Rarement
2 Quelquefois
3 Assez souvent
4 Presque toujours

Résultats :

- score inférieur à 20 = une charge de travail faible ou nulle
- score inférieur à 40 = une charge de travail légère
- score inférieur à 60 = une charge de travail modérée
- score supérieur à 60 = une charge de travail importante

Le total des points indique la valeur de la charge de travail et l'implication auprès d'un parent. Pour moi, ce questionnaire est valable autant pour la charge d'une personne ou d'un enfant malade que d'une personne âgée ou handicapée. Il permet de quantifier des ressentis et se positionner dans l'aide à l'autre, de coiffer la « casquette » du proche aidant de manière formelle.

[27] www.masef.com/scores/penibilitezarit.htm

Coacher son ado

Trucs et astuces du parent coach

Le coaching est un élément qui vient compléter toute une panoplie de ressentis, d'intuitions, d'autres méthodes... pour que tout le monde ressorte gagnant d'une situation délicate. Un livre pratique qui apporte les réponses à nos interrogations ; un outil fort apprécié par les personnes confrontées à cette situation.

96 pages • 4,90 € / 9 CHF

du même auteur

Accompagner son animal vieillissant

Vivre son grand âge et surmonter son deuil

Nos animaux vivent plus longtemps, se fatiguent, s'épuisent... des choix s'imposent alors pour les soigner, les accompagner... Témoignages et conseils vous aident à trouver les meilleurs moyens pour être auprès d'eux, assumer vos décisions et traverser les épreuves, comme le deuil...

128 pages • 8,50 € / 16 CHF

La compassion pour seul bagage

Rosette Poletti, Barbara Dobbs

Lorsqu'on se centre sur l'essentiel, qu'on arrive à se désencombrer, la compassion apparaît comme l'élément essentiel de la vie sur cette terre. Quelques pistes pratiques pour surmonter ces obstacles afin d'aller vers cette incroyable liberté où l'on a pour seul « bagage » la recherche en tout temps et la pratique de la compassion.

96 pages • 4,90 € / 9 CHF
ISBN : 978-2-88353-365-3

Accepter ce qui est

Rosette Poletti, Barbara Dobbs

Accepter ce qui est, c'est faire preuve de lucidité, c'est se « réveiller », devenir conscient et considérer la réalité telle qu'elle est. C'est se désencombrer de ses programmations mentales, de ses croyances erronées, de ses œillères. C'est le prélude indispensable à toute croissance personnelle, à toute recherche de solution, à toute paix intérieure.

96 pages • 4,90 € / 9 CHF
ISBN : 978-2-88353-492-6

Achevé d'imprimer par Litografia Rosès en mars 2011.

Imprimé en Espagne

Dépôt légal : Mars 2011

Ce livre est imprimé par Litografia Rosès qui assure une stricte application
des régles concernant le recyclage et le traitement des déchets,
ainsi que la réduction des besoins énergétiques.